NACIDO PARA MORIR

E. G. White

Remnant Publications, Inc.
Coldwater, MI

Obra de arte de la cubierta por Darrel Tank
Diseño de la cubierta por Penny Hall

Nacido Para Morir

©2004 Remnant Publications
Todos los derechos reservados
Impreso en los Estados Unidos de América

ISBN 1-883012-29-5

Esta es una compilación de los primeros capítulos de *El Deseado de Todas las Gentes*.

¿ESTÁ BUSCANDO LA VERDAD?

¿Necesita encontrar respuestas genuinas a sus preguntas?

- *¿Acaso es posible conocer y entender la Biblia?*
- *¿Es el desarrollo del carácter importante?*
- *¿Existen leyes físicas y espirituales que favorecen la salud y la felicidad?*
- *¿Qué hay más allá de la muerte?*
- *¿Es posible vivir para siempre?*
- *¿Cómo puede encontrar paz interior en un mundo de caos?*

Descubra las respuestas a estas y otras preguntas vitales inscribiéndose a nuestro Curso de Correspondencia Bíblica. Ud. y su bienestar nos importan. Es por esto que hemos preparado esta serie de lecciones de estudio bíblicas que incentivan a pensar a gente como Ud. Estas lecciones lo estimularán a pensar de manera independiente y le ayudarán a tomar decisiones en buena conciencia que le harán feliz.

Las lecciones en esta serie son gratuitas. Si estas lecciones de estudio son de su agrado, rogamos que incluya una pequeña donación a partir de la tercera lección para cubrir gastos de envío y embalaje.

¿Quiere saber más?

Sí, por favor envíeme gratuitamente las primeras dos lecciones.

Nombre _____

Dirección _____

Ciudad _____ Estado _____ Código Postal _____

Envíe a:

Bible Correspondence Course
P.O. Box 426
Coldwater, MI 49036

BD-W

Consiga el RESTO de Su HISTORIA

¡Más de 1 Millón de ventas!

Primer Libro

¡No se pierda ningún capítulo de la historia más grande jamás contada! ¡Siga de cerca la pronta llegada de los próximos libros en esta série!

Quinto Libro

¡Complete su set!

Tiene entre sus manos el primer libro en la série de cinco libros sobre la vida que transforma vidas, la vida del Mesías. Cada libro describe en asombroso detalle una porción de la vida de Cristo. Empezando con el primer libro el viaje comienza con el nacimiento de Cristo y culmina con su muerte y resurrección en el libro final de la série. Complete su set de cinco libros comprando el resto de libros siguientes al "best seller" *La Pasión del Amor*.

Índice

1. El Cumplimiento del Tiempo 7
2. Un Salvador os es Nacido 13
3. La Dedicación 17
4. "Su Estrella Hemos Visto" 23
5. La Niñez de Cristo 30
6. La Vista de Pascua 37
7. Días de Conflicto 44
8. La Voz que Clamaba en el Desierto 51
9. El Bautismo 62
10. La Tentación 67
11. La Victoria 77
12. "Hemos Hallado al Mesías" 83
13. En las Bodas de Caná 94
14. En su Templo 103
15. Nicodemo 113
16. "A Él Conviene Crecer" 122

Índice de referencias bíblicas 127

1

El Cumplimiento del Tiempo

"MAS venido el cumplimiento del tiempo, Dios envió a su Hijo, . . . para que redimiese a los que estaban debajo de la ley, a fin de que recibiésemos la adopción de hijos." (Gál. 4:4, 5).

La venida del Salvador había sido predicha en el Edén. Cuando Adán y Eva oyeron por primera vez la promesa, esperaban que se cumpliese pronto. Dieron gozosamente la bienvenida a su primogénito, esperando que fuese el Libertador. Pero el cumplimiento de la promesa tardó. Los que la recibieron primero murieron sin verlo. Desde los días de Enoc, la promesa fue repetida por medio de los patriarcas y los profetas, manteniendo viva la esperanza de su aparición, y sin embargo no había venido. La profecía de Daniel revelaba el tiempo de su advenimiento, pero no todos interpretaban correctamente el mensaje. Transcurrió un siglo tras otro, y las voces de los profetas cesaron. La mano del opresor pesaba sobre Israel, y muchos estaban listos para exclamar: "Se han prolongado los días, y fracasa toda visión." (Eze. 12:22, V.M.)

Pero, como las estrellas en la vasta órbita de su derrotero señalado, los propósitos de Dios no conocen premura ni demora. Por los símbolos de las densas tinieblas y el horno humeante, Dios había anunciado a Abrahán la servidumbre de Israel en Egipto, y había declarado que el tiempo de su estada allí abarcaría cuatrocientos años. "Después de esto—dijo Dios,—saldrán con grande riqueza." (Gén. 15:14) Y contra esta palabra se empeñó en vano todo el poder del orgulloso imperio de los faraones. "En el mismo día" señalado por la promesa divina, "salieron todos los ejércitos de Jehová de la tierra de Egipto." (Éxo. 12:41). Así también fue determinada en el concilio celestial la hora en que Cristo había de venir; y cuando el gran reloj del tiempo marcó aquella hora, Jesús nació en Belén.

"Mas venido el cumplimiento del tiempo, Dios envió a su Hijo." (Gál. 4:4, 5) La Providencia había dirigido los movimientos de las naciones, así como el flujo y reflujo de impulsos e influencias de origen humano, a tal punto que el mundo estaba maduro para la llegada del Libertador. Las naciones estaban unidas bajo un mismo gobierno. Un idioma se hablaba extensamente y era reconocido por doquiera como la lengua literaria. De todos los países, los judíos dispersos acudían a Jerusalén para asistir a las fiestas anuales, y al volver adonde residían, podían difundir por el mundo las nuevas de la llegada del Mesías.

En aquel entonces los sistemas paganos estaban perdiendo su poder sobre la gente. Los hombres se hallaban cansados de ceremonias y fábulas. Deseaban con vehemencia una religión que dejase satisfecho el corazón. Aunque la luz de la verdad parecía haberse apartado de los hombres, había almas que buscaban la luz, llenas de perplejidad y tristeza. Anhelaban conocer al Dios vivo, a fin de tener cierta seguridad de una vida allende la tumba.

Al apartarse los judíos de Dios, la fe se había empañado y la esperanza casi había dejado de iluminar lo futuro. Las palabras de los profetas no eran comprendidas. Para las muchedumbres, la muerte era un horrendo misterio; más allá todo era incertidumbre y lobreguez. No era sólo el lamento de las madres de Belén, sino el clamor del inmenso corazón de la humanidad, el que llegó hasta el profeta a través de los siglos: la voz oída en Ramá, "grande lamentación, lloro y gemido: Raquel que llora sus hijos; y no quiso ser consolada, porque perecieron." (Mat. 2:18). Los hombres moraban sin consuelo en "región y sombra de muerte." Con ansia en los ojos, esperaban la llegada del Libertador, cuando se disiparían las tinieblas, y se aclararía el misterio de lo futuro.

Hubo, fuera de la nación judía, hombres que predijeron el aparecimiento de un instructor divino. Eran hombres que buscaban la verdad, y a quienes se les había impartido el Espíritu de la inspiración. Tales maestros se habían levantado uno tras otro como estrellas en un firmamento obscuro, y sus palabras proféticas habían encendido esperanzas en el corazón de millares de gentiles.

Desde hacía varios siglos, las Escrituras estaban traducidas al griego, idioma extensamente difundido por todo el imperio romano. Los judíos se hallaban dispersos en todas partes; y su espera del Mesías era compartida hasta cierto punto por los gentiles. Entre aquellos a quienes los judíos llamaban gentiles, había hombres que entendían mejor que los maestros de Israel las profecías bíblicas concernientes a la venida del Mesías. Algunos le esperaban como libertador del pecado. Los filósofos se esforzaban por estudiar el misterio de la economía hebraica. Pero el fanatismo de los judíos estorbaba la difusión de la luz. Resueltos a mantenerse separados de las otras naciones, no estaban dispuestos a impartirles el conocimiento que aún poseían acerca de los servicios simbólicos. Debía venir el verdadero Intérprete. Aquel que fuera prefigurado por todos los símbolos debía explicar su significado.

Dios había hablado al mundo por medio de la naturaleza, las figuras, los símbolos, los patriarcas y los profetas. Las lecciones debían ser dadas a la humanidad en su propio lenguaje. El Mensajero del pacto debía hablar. Su voz debía oírse en su propio templo. Cristo debía venir para pronunciar palabras que pudiesen comprenderse clara y distintamente. Él, el Autor de la verdad, debía separar la verdad del tamo de las declaraciones humanas que habían anulado su efecto. Los principios del gobierno de Dios y el plan de redención debían ser definidos claramente. Las lecciones del Antiguo Testamento debían ser presentadas plenamente a los hombres.

Quedaban, sin embargo, entre los judíos, almas firmes, descendientes de aquel santo linaje por cuyo medio se había conservado el conocimiento de Dios. Confiaban aún en la esperanza de la promesa hecha a los padres. Fortalecían su fe espaciándose en la seguridad dada por Moisés: "El Señor vuestro Dios os levantará profeta de vuestros hermanos, como yo; a él oiréis en todas las cosas que os hablare." (Hech. 3:22). Además, leían que el Señor iba a ungir a Uno para "predicar buenas nuevas a los abatidos," "vendar a los quebrantados de corazón," "publicar libertad a los cautivos" y "promulgar año de la buena voluntad de Jehová." (Isa. 61:1, 2). Leían que pondría "en la tierra juicio; y las islas esperarán su ley," como asimismo andarían "las gentes a su luz, y los reyes al resplandor de su nacimiento." (Isa. 42:4; 60:3).

Las palabras que Jacob pronunciara en su lecho de muerte los llenaban de esperanza: "No será quitadlo el cetro de Judá, y el legislador de entre sus pies, hasta que venga Shiloh." (Gén. 49:10) El desfalleciente poder de Israel atestiguaba que se acercaba la llegada del Mesías. La profecía de Daniel describía la gloria de su reinado sobre un imperio que sucedería a todos los reinos terrenales; y, decía el profeta: "Permanecerá para siempre." (Dan. 2:44). Aunque pocos comprendían la naturaleza de la misión de Cristo, era muy difundida la espera de un príncipe poderoso que establecería su reino en Israel, y se presentaría a las naciones como libertador.

El cumplimiento del tiempo había llegado. La humanidad,

cada vez más degradada por los siglos de transgresión, demandaba la venida del Redentor. Satanás había estado obrando para ahondar y hacer insalvable el abismo entre el cielo y la tierra. Por sus mentiras, había envalentonado a los hombres en el pecado. Se proponía agotar la tolerancia de Dios, y extinguir su amor por el hombre, a fin de que abandonase al mundo a la jurisdicción satánica.

Satanás estaba tratando de privar a los hombres del conocimiento de Dios, de desviar su atención del templo de Dios, y establecer su propio reino. Su contienda por la supremacía había parecido tener casi completo éxito. Es cierto que en toda generación Dios había tenido sus agentes. Aun entre los paganos, había hombres por medio de quienes Cristo estaba obrando para elevar el pueblo de su pecado y degradación. Pero eran despreciados y odiados. A muchos se les había dado muerte. La obscura sombra que Satanás había echado sobre el mundo se volvía cada vez más densa.

Mediante el paganismo, Satanás había apartado de Dios a los hombres durante muchos siglos; pero al pervertir la fe de Israel había obtenido su mayor triunfo. Al contemplar y adorar sus propias concepciones, los paganos habían perdido el conocimiento de Dios, y se habían ido corrompiendo cada vez más. Así había sucedido también con Israel. El principio de que el hombre puede salvarse por sus obras, que es fundamento de toda religión pagana, era ya principio de la religión judaica. Satanás lo había implantado; y doquiera se lo adopte, los hombres no tienen defensa contra el pecado.

El mensaje de la salvación es comunicado a los hombres por medio de agentes humanos. Pero los judíos habían tratado de monopolizar la verdad que es vida eterna. Habían atesorado el maná viviente, que se había trocado en corrupción. La religión que habían tratado de guardar para sí llegó a ser un escándalo. Privaban a Dios de su gloria, y defraudaban al mundo por una falsificación del Evangelio. Se habían negado a entregarse a Dios para la salvación del mundo, y llegaron a ser agentes de Satanás para su destrucción.

El pueblo a quien Dios había llamado para ser columna y base de la verdad, había llegado a ser representante de Satanás. Hacía la obra que éste deseaba que hiciese, y seguía una conducta que representaba falsamente el carácter de Dios y le hacía considerar por el mundo como un tirano. Los mismos sacerdotes que servían en el templo habían perdido de vista el significado del servicio que cumplían. Habían dejado de mirar más allá del símbolo, a lo que significaba. Al presentar las ofrendas de los sacrificios, eran como actores de

EL CUMPLIMIENTO DEL TIEMPO 11

una pieza de teatro. Los ritos que Dios mismo había ordenado eran trocados en medios de cegar la mente y endurecer el corazón. Dios no podía hacer ya más nada para el hombre por medio de ellos. Todo el sistema debía ser desechado.

El engaño del pecado había llegado a su culminación. Habían sido puestos en operación todos los medios de depravar las almas de los hombres. El Hijo de Dios, mirando al mundo, contemplaba sufrimiento y miseria. Veía con compasión cómo los hombres habían llegado a ser víctimas de la crueldad satánica. Miraba con piedad a aquellos a quienes se estaba corrompiendo, matando y perdiendo. Habían elegido a un gobernante que los encadenaba como cautivos a su carro. Aturdidos y engañados avanzaban en lóbrega procesión hacia la ruina eterna, hacia la muerte en la cual no hay esperanza de vida, hacia la noche que no ha de tener mañana. Los agentes satánicos estaban incorporados con los hombres. Los cuerpos de los seres humanos, hechos para ser morada de Dios, habían llegado a ser habitación de demonios. Los sentidos, los nervios, las pasiones, los órganos de los hombres, eran movidos por agentes sobrenaturales en la complacencia de la concupiscencia más vil. La misma estampa de los demonios estaba grabada en los rostros de los hombres, que reflejaban la expresión de las legiones del mal que los poseían. Tal panorama fue lo que contempló el Redentor del mundo. ¡Qué espectáculo para la Pureza Infinita!

El pecado había llegado a ser una ciencia, y el vicio era consagrado como parte de la religión. La rebelión había hundido sus raíces en el corazón, y la hostilidad del hombre era muy violenta contra el cielo. Se había demostrado ante el universo que, separada de Dios, la humanidad no puede ser elevada. Un nuevo elemento de vida y poder tiene que ser impartido por Aquel que hizo el mundo.

Con intenso interés, los mundos que no habían caído habían mirado para ver a Jehová levantarse y barrer a los habitantes de la tierra. Y si Dios hubiese hecho esto, Satanás estaba listo para llevar a cabo su plan de asegurarse la obediencia de los seres celestiales. Él había declarado que los principios del gobierno divino hacen imposible el perdón. Si el mundo hubiera sido destruido, habría sostenido que sus acusaciones eran ciertas. Estaba listo para echar la culpa sobre Dios, y extender su rebelión a los mundos superiores. Pero en vez de destruir al mundo, Dios envió a su Hijo para salvarlo. Aunque en todo rincón de la provincia enajenada se notaba corrupción y desafío, se proveyó un modo de rescatarla. En el mismo momento de la crisis, cuando Satanás parecía estar a punto de triunfar, el Hijo de Dios vino como embajador de la gracia divina. En toda época y en todo momento, el amor de Dios se había manifestado en favor de la especie caída. A pesar de la perversidad de los hombres, hubo siempre indicios de misericordia. Y llegada la plenitud del tiempo, la Divinidad se glorificó derramando sobre el mundo tal efusión de gracia sanadora, que no se interrumpiría hasta que se cumpliese el plan de salvación.

Satanás se estaba regocijando de que había logrado degradar la imagen de Dios en la humanidad. Entonces vino Jesús a restaurar en el hombre la imagen de su Hacedor. Nadie, excepto Cristo, puede amoldar de nuevo el carácter que ha sido arruinado por el pecado. Él vino para expulsar a los demonios que habían dominado la voluntad. Vino para levantarnos del polvo, para rehacer según el modelo divino el carácter que había sido mancillado, para hermosearlo con su propia gloria.

2

Un Salvador os es Nacido

Este capítulo está basado en S. Lucas 2:1-20.

EL REY de gloria se rebajó a revestirse de humanidad. Tosco y repelente fue el ambiente que le rodeó en la tierra. Su gloria se veló para que la majestad de su persona no fuese objeto de atracción. Rehuyó toda ostentación externa. Las riquezas, la honra mundanal y la grandeza humana no pueden salvar a una sola alma de la muerte; Jesús se propuso que ningún halago de índole terrenal atrajera a los hombres a su lado. Únicamente la belleza de la verdad celestial debía atraer a quienes le siguiesen. El carácter del Mesías había sido predicho desde mucho antes en la profecía, y él deseaba que los hombres le aceptasen por el testimonio de la Palabra divina.

Los ángeles se habían maravillado del glorioso plan de redención. Con atención miraban cómo el pueblo de Dios iba a recibir a su Hijo, revestido con el manto de la humanidad. Vinieron los ángeles a la tierra del pueblo elegido. Las otras naciones creían en fábulas y adoraban falsos dioses. Pero los ángeles fueron a la tierra donde la gloria de Dios se había revelado y había resplandecido la luz de la profecía. Vinieron sin ser vistos a Jerusalén, se acercaron a los que debían exponer los Sagrados Oráculos, a los ministros de la casa de Dios. Ya había sido anunciada al sacerdote Zacarías la proximidad de la venida de Cristo, mientras servía ante el altar. Ya había nacido el precursor, y su misión estaba corroborada por milagros y profecías. Habían cundido las nuevas de su nacimiento y del maravilloso significado de su misión. Y sin embargo, Jerusalén no se preparaba para dar la bienvenida a su Redentor.

Los mensajeros celestiales contemplaban con asombro la indiferencia de aquel pueblo a quien Dios llamara a comunicar al mundo la luz de la verdad sagrada. La nación judía había sido conservada como testigo de que Cristo había de nacer de la simiente de Abrahán y del linaje de David; y sin embargo, no sabía que su venida se acercaba. En el templo, el sacrificio matutino y el vespertino señalaban diariamente al Cordero de Dios; sin embargo, ni aun allí se habían hecho los preparativos para recibirle. Los sacerdotes y maestros de la nación no sabían que estaba por acontecer el mayor suceso de los siglos. Repetían sus rezos sin sentido y ejecutaban los ritos del culto para ser vistos de los hombres, pero en su lucha para obtener riquezas y honra mundanal, no estaban preparados para la revelación del Mesías. Y la misma indiferencia reinaba en toda la tierra de Israel. Los corazones egoístas y amantes del mundo no se conmovían por el gozo que embargaba a todo el cielo. Sólo unos pocos anhelaban ver al Invisible. A los tales fue enviada la embajada celestial.

Hubo ángeles que acompañaron a José y María en su viaje de Nazaret a la ciudad de David. El edicto de la Roma imperial para empadronar a los pueblos de sus vastos dominios alcanzó hasta los moradores de las colinas de Galilea. Como antaño Ciro fue llamado al trono del imperio universal para que libertase a los cautivos de Jehová, así también Augusto César hubo de cumplir el propósito de Dios de traer a la madre de Jesús a Belén. Ella era del linaje de David; y el Hijo de David debía nacer en la ciudad de David. De Belén, había dicho el profeta, "saldrá el que será Señor en Israel; cuya procedencia es desde el principio, desde los días de la eternidad." (Miq. 5:2). Pero José y María no fueron reconocidos ni honrados en la ciudad de su linaje real. Cansados y sin hogar, siguieron en toda su longitud la estrecha calle, desde la puerta de la ciudad hasta el extremo oriental, buscando en vano un lugar donde pasar la noche. No había sitio para ellos en la atestada posada. Por fin, hallaron refugio en un tosco edificio que daba albergue a las bestias, y allí nació el Redentor del mundo.

Sin que lo supieran los hombres, las nuevas llenaron el cielo de regocijo. Los seres santos del mundo de luz se sintieron atraídos hacia la tierra por un interés más profundo y tierno. El mundo entero quedó más resplandeciente por la presencia del Redentor. Sobre los collados de Belén se reunieron innumerables ángeles a la espera de una señal para declarar las gratas nuevas al mundo. Si los dirigentes de Israel hubieran sido fieles, podrían haber compartido el gozo de anunciar el nacimiento de Jesús. Pero hubo que pasarlos por alto.

Dios declaró: "Derramaré aguas sobre el secadal, y ríos sobre la tierra árida." "Resplandeció en las tinieblas luz a los rectos." (Isa. 44:3; Sal. 112:4). Para los que busquen la luz, y la acepten con alegría, brillarán los esplendentes rayos del trono de Dios.

En los campos donde el joven David apacentara sus rebaños, había todavía pastores que velaban. Durante las silenciosas horas de la noche, hablaban del Salvador prometido, y oraban por la venida del Rey al trono de David. "Y he aquí el ángel del Señor vino sobre ellos, y la claridad de Dios los cercó de resplandor; y tuvieron gran temor. Mas el ángel les dijo: No temáis; porque he aquí os doy nuevas de gran gozo, que será para todo el pueblo: Que os ha nacido hoy, en la ciudad de David, un Salvador, que es Cristo el Señor."

Al oír estas palabras, las mentes de los atentos pastores se llenaron de visiones gloriosas. ¡El Libertador había nacido en Israel! Con su llegada, se asociaban el poder, la exaltación, el triunfo. Pero el ángel debía prepararlos para reconocer a su Salvador en la pobreza y humillación. "Esto os será por señal —les dijo:— hallaréis al niño envuelto en pañales, echado en un pesebre."

El mensajero celestial había calmado sus temores. Les había dicho cómo hallar a Jesús. Con tierna consideración por su debilidad humana, les había dado tiempo para acostumbrarse al resplandor divino. Luego el gozo y la gloria no pudieron ya mantenerse ocultos. Toda la llanura quedó iluminada por el resplandor de las huestes divinas. La tierra enmudeció, y el cielo se inclinó para escuchar el canto:

"Gloria en las alturas a Dios, y en la tierra paz,
buena voluntad para con los hombres."

¡Ojalá la humanidad pudiese reconocer hoy aquel canto! La declaración hecha entonces, la nota pulsada, irá ampliando sus ecos hasta el fin del tiempo, y repercutirá hasta los últimos confines de la tierra. Cuando el Sol de justicia salga, con sanidad en sus alas, aquel himno será repetido por la voz de una gran multitud, como la voz de muchas aguas, diciendo: "Aleluya: porque reinó el Señor nuestro Dios Todopoderoso." (Apoc. 19:6).

Al desaparecer los ángeles, la luz se disipó, y las tinieblas volvieron a invadir las colinas de Belén. Pero en la memoria de los pastores quedó el cuadro más resplandeciente que hayan contemplado los ojos humanos. "Y aconteció que como los ángeles se fueron de ellos al cielo, los pastores dijeron los unos a los otros: Pasemos pues hasta Belén, y veamos esto que ha sucedido, que el Señor nos ha manifestado. Y vinieron aprisa, y hallaron a María, y a José, y al niño acostado en el pesebre."

Con gran gozo salieron y dieron a conocer cuanto habían visto y oído. "Y todos los que oyeron, se maravillaban de lo que los pastores les decían. Mas María guardaba todas estas cosas, confiriéndolas en su corazón. Y se volvieron los pastores glorificando y alabando a Dios."

El cielo y la tierra no están más alejados hoy que cuando los pastores oyeron el canto de los ángeles. La humanidad sigue hoy siendo objeto de la solicitud celestial tanto como cuando los hombres comunes, de ocupaciones ordinarias, se encontraban con los ángeles al mediodía, y hablaban con los mensajeros celestiales en las viñas y los campos. Mientras recorremos las sendas humildes de la vida, el cielo puede estar muy cerca de nosotros. Los ángeles de los atrios celestes acompañarán los pasos de aquellos que vayan y vengan a la orden de Dios.

La historia de Belén es un tema inagotable. En ella se oculta la "profundidad de las riquezas de la sabiduría y de la ciencia de Dios." (Rom. 11:33). Nos asombra el sacrificio realizado por el Salvador al trocar el trono del cielo por el pesebre, y la compañía de los ángeles que le adoraban por la de las bestias del establo. La presunción y el orgullo humanos quedan reprendidos en su presencia. Sin embargo, aquello no fue sino el comienzo de su maravillosa condescendencia. Habría sido una humillación casi infinita para el Hijo de Dios revestirse de la naturaleza humana, aun cuando Adán poseía la inocencia del Edén. Pero Jesús aceptó la humanidad cuando la especie se hallaba debilitada por cuatro mil años de pecado. Como cualquier hijo de Adán, aceptó los efectos de la gran ley de la herencia. Y la historia de sus antepasados terrenales demuestra cuáles eran aquellos efectos. Mas él vino con una herencia tal para compartir nuestras penas y tentaciones, y darnos el ejemplo de una vida sin pecado.

En el cielo, Satanás había odiado a Cristo por la posición que ocupara en las cortes de Dios. Le odió aun más cuando se vio destronado. Odiaba a Aquel que se había comprometido a redimir a una raza de pecadores. Sin embargo, a ese mundo donde Satanás pretendía dominar, permitió Dios que bajase su Hijo, como niño impotente, sujeto a la debilidad humana. Le dejó arrostrar los peligros de la vida en común con toda alma humana, pelear la batalla como la debe pelear cada hijo de la familia humana, aun a riesgo de sufrir la derrota y la pérdida eterna.

El corazón del padre humano se conmueve por su hijo. Mientras mira el semblante de su hijito, tiembla al pensar en los peligros de la vida. Anhela escudarlo del poder de Satanás, evitarle las tentaciones y los conflictos. Mas Dios entregó a su Hijo unigénito para que hiciese frente a un conflicto más acerbo y a un riesgo más espantoso, a fin de que la senda de la vida fuese asegurada para nuestros pequeñuelos. "En esto consiste el amor." ¡Maravillaos, oh cielos! ¡Asómbrate, oh tierra!

3

La Dedicación

Este capítulo está basado en S. Lucas 2:21-38.

COMO cuarenta días después del nacimiento de Jesús, José y María le llevaron a Jerusalén, para presentarle al Señor y ofrecer sacrificio. Ello estaba de acuerdo con la ley judaica, y como substituto del hombre, Jesús debía conformarse a la ley en todo detalle. Ya había sido sometido al rito de la circuncisión, en señal de su obediencia a la ley.

Como ofrenda a favor de la madre, la ley exigía un cordero de un año como holocausto, y un pichón de paloma como ofrenda por el pecado. Pero la ley estatuía que si los padres eran demasiado pobres para traer un cordero, podía aceptarse un par de tórtolas o de pichones de palomas, uno para holocausto y el otro como ofrenda por el pecado.

Las ofrendas presentadas al Señor debían ser sin mácula. Estas ofrendas representaban a Cristo, y por ello es evidente que Jesús mismo estaba exento de toda deformidad física. Era el "cordero sin mancha y sin contaminación.' (1 Ped. 1:19). Su organismo físico no era afeado por defecto alguno; su cuerpo era sano y fuerte. Y durante toda su vida vivió en conformidad con las leyes de la naturaleza. Tanto física como espiritualmente, era un ejemplo de lo que Dios quería que fuese toda la humanidad mediante la obediencia a sus leyes.

La dedicación de los primogénitos se remontaba a los primeros tiempos. Dios había prometido el Primogénito del cielo para salvar al pecador. Este don debía ser reconocido en toda familia por la consagración del primer hijo. Había de ser dedicado al sacerdocio, como representante de Cristo entre los hombres.

Cuando Israel fue librado de Egipto, la dedicación de los primogénitos fue ordenada de nuevo. Mientras los hijos de Israel servían a los egipcios, el Señor indicó a Moisés que fuera al rey de Egipto y le dijera: "Jehová ha dicho así: Israel es mi hijo, mi primogénito. Ya te he dicho que dejes ir a mi hijo para que me sirva, mas no has querido dejarlo ir: he aquí yo voy a matar a tu hijo, tu primogénito." (Éxo. 4:22, 23).

Moisés dio su mensaje; pero la respuesta del orgulloso monarca fue: "¿Quién es Jehová, para que yo oiga su voz y deje ir a Israel? Yo no conozco a Jehová, ni tampoco dejaré ir a Israel." (Éxo. 5:2). Jehová obró en favor de su pueblo mediante señales y prodigios, y envió terribles juicios sobre el faraón. Por fin el ángel destructor recibió la orden de matar a los primogénitos de hombres y animales de entre los egipcios. A fin de que fuesen perdonados, los israelitas recibieron la indicación de rociar sus dinteles con la sangre de un cordero inmolado. Cada casa había de ser señalada, a fin de que cuando pasase el ángel en su misión de muerte, omitiera los hogares de los israelitas.

Después de enviar este castigo sobre Egipto, Jehová dijo a Moisés: "Santifícame todo primogénito, . . . así de los hombres como de los animales: mío es." "Porque . . . desde el día que yo maté todos los primogénitos en la tierra de Egipto, yo santifiqué a mí todos los primogénitos en Israel, así de hombres como de animales: míos serán: Yo Jehová." (Éxo. 13:2; Núm 3:13). Una vez establecido el servicio del tabernáculo, el Señor eligió a la tribu de Leví en lugar de los primogénitos de todo Israel, para que sirviese en su santuario. Pero debía seguir considerándose a los primogénitos como propiedad del Señor, y debían ser redimidos por rescate.

Así que la ley de presentar a los primogénitos era muy significativa. Al par que conmemoraba el maravilloso libramiento de los hijos de Israel por el Señor, prefiguraba una liberación mayor que realizaría el unigénito Hijo de Dios. Así como la sangre rociada sobre los dinteles había salvado a los primogénitos de Israel, tiene la sangre de Cristo poder para salvar al mundo.

¡Cuánto significado tenía, pues, la presentación de Cristo! Mas el sacerdote no vio a través del velo; no leyó el misterio que encubría. La presentación de los niños era escena común. Día tras día, el sacerdote recibía el precio del rescate al ser presentados los niños a Jehová. Día tras día cumplía con la rutina de su trabajo, casi sin prestar atención a padres o niños, a menos que notase algún indicio de riqueza o de alta posición social en los padres. José y María eran pobres; y cuando vinieron con el niño, el sacerdote no vio sino a un hombre y una mujer vestidos como los galileos, y con las ropas más humildes. No había en su aspecto nada que atrajese la atención, y presentaban tan sólo la ofrenda de las clases más pobres.

El sacerdote cumplió la ceremonia oficial. Tomó al niño en sus brazos, y le sostuvo delante del altar. Después de devolverlo a su madre, inscribió el nombre "Jesús" en el rollo de los primogénitos.

LA DEDICACIÓN

No sospechó, al tener al niñito en sus brazos, que se trataba de la Majestad del Cielo, el Rey de Gloria. No pensó que ese niño era Aquel de quien Moisés escribiera: "El Señor vuestro Dios os levantará profeta de vuestros hermanos, como yo; a él oiréis en todas las cosas que os hablare." (Hech. 3:22). No pensó que ese niño era Aquel cuya gloria Moisés había pedido ver. Pero el que estaba en los brazos del sacerdote era mayor que Moisés; y cuando dicho sacerdote registró el nombre del niño, registró el nombre del que era el fundamento de toda la economía judaica. Este nombre había de ser su sentencia de muerte; pues el sistema de sacrificios y ofrendas envejecía; el tipo había llegado casi a su antitipo, la sombra a su substancia.

La presencia visible de Dios se había apartado del santuario, mas en el niño de Belén estaba velada la gloria ante la cual los ángeles se postran. Este niño inconsciente era la Simiente prometida, señalada por el primer altar erigido ante la puerta del Edén. Era Shiloh, el pacificador. Era Aquel que se presentara a Moisés como el YO SOY. Era Aquel que, en la columna de nube y de fuego, había guiado a Israel. Era Aquel, que de antiguo predijeran los videntes. Era el Deseado de todas las gentes, la Raíz, la Posteridad de David, la brillante Estrella de la Mañana. El nombre de aquel niñito impotente, inscrito en el registro de Israel como Hermano nuestro, era la esperanza de la humanidad caída. El niño por quien se pagara el rescate era Aquel que había de pagar la redención de los pecados del mundo entero. Era el verdadero "gran sacerdote sobre la casa de Dios," la cabeza de "un sacerdocio inmutable," el intercesor "a la diestra de la Majestad en las alturas." (Heb. 10:21; 7:24; 1:3).

Las cosas espirituales se disciernen espiritualmente. En el templo, el Hijo de Dios fue dedicado a la obra que había venido a hacer. El sacerdote le miró como a cualquier otro niño. Pero aunque él no vio ni sintió nada insólito, el acto de Dios al dar a su Hijo al mundo no pasó inadvertido. Esta ocasión no pasó sin algún reconocimiento del Cristo. "Había un hombre en Jerusalem, llamado Simeón, y este hombre, justo y pío, esperaba la consolación de Israel: y el Espíritu Santo era sobre él. Y había recibido respuesta del Espíritu Santo, que no vería la muerte antes que viese al Cristo del Señor."

Al entrar Simeón en el templo, vio a una familia que presentaba su primogénito al sacerdote. Su aspecto indicaba pobreza; pero Simeón comprendió las advertencias del Espíritu, y tuvo la profunda impresión de que el niño presentado al Señor era la Consolación de Israel, Aquel a quien tanto había deseado ver. Para el sacerdote asombrado, Simeón era un hombre arrobado en éxtasis. El niño había sido devuelto a María, y él lo tomó en sus brazos y lo presentó a Dios, mientras que inundaba su alma un gozo que nunca sintió antes. Mientras elevaba al Niño Salvador hacia el cielo, exclamó: "Ahora despides, Señor, a tu siervo, conforme a tu palabra, en paz; porque han visto mis ojos tu salvación, la cual has aparejado en presencia de todos los pueblos; luz para ser revelada a los Gentiles, y la gloria de tu pueblo Israel."

El espíritu de profecía estaba sobre este hombre de Dios, y mientras que José y María permanecían allí, admirados de sus palabras, los bendijo, y dijo a María: "He aquí, éste es puesto para caída y para levantamiento de muchos en Israel; y para señal a la que será contradicho [blanco de contradicción, V. M.]; y una espada traspasará tu alma de ti misma, para que sean manifestados los pensamientos de muchos corazones."

También Ana la profetisa vino y confirmó el testimonio de Simeón acerca de Cristo. Mientras hablaba Simeón, el rostro de ella se iluminó con la gloria de Dios, y expresó su sentido agradecimiento por habérsele permitido contemplar a Cristo el Señor.

Estos humildes adoradores no habían estudiado las profecías en vano. Pero los que ocupaban los puestos de gobernantes y sacerdotes en Israel, aunque habían tenido delante de sí los preciosos oráculos proféticos, no andaban en el camino del Señor, y sus ojos no estaban abiertos para contemplar la Luz de la vida.

Así sucede todavía. Pasan inadvertidos para los dirigentes religiosos y para los que adoran en la casa de Dios, acontecimientos en los cuales se concentra la atención de todo el cielo. Los hombres reconocen a Cristo en la historia mientras se apartan del Cristo viviente. El Cristo que en su Palabra invita a la abnegación, el que está en los pobres y dolientes que suplican ayuda, en la causa justa que entraña pobreza, trabajos y oprobio, no es recibido más ávidamente hoy que hace mil ochocientos años.

María reflexionó en la amplia y profunda profecía de Simeón. Mientras miraba al niño que tenía en sus brazos, y recordaba las palabras de los pastores de Belén, rebosaba de gozo agradecido y alegre esperanza. Las palabras de Simeón le recordaban las declaraciones proféticas de Isaías: "Saldrá una vara del tronco de Isaí, y un vástago retoñará de sus raíces. Y reposará sobre él el espíritu de Jehová; espíritu de sabiduría y de inteligencia, espíritu de consejo y de fortaleza, espíritu de conocimiento y de temor de Jehová. . . . Y será la justicia cinto de sus lomos, y la fidelidad ceñidor de sus riñones." "El

La Dedicación

pueblo que andaba en tinieblas vio gran luz: los que moraban en tierra de sombra de muerte, luz resplandeció sobre ellos. . . . Porque un niño nos es nacido, hijo nos es dado; y el principado sobre su hombro: y llamaráse su nombre Admirable, Consejero, Dios fuerte, Padre eterno, Príncipe de paz." (Isa. 11:1-5; 9:2-6)

Sin embargo, María no entendía la misión de Cristo. En su profecía, Simeón lo había denominado luz que iba a ser revelada a los gentiles, y gloria de Israel. Así también los ángeles habían anunciado el nacimiento de Cristo como nuevas de gozo para todos los pueblos. Dios estaba tratando de corregir el estrecho concepto de los judíos respecto de la obra del Mesías. Deseaba que le contemplasen, no sólo como el libertador de Israel, sino como Redentor del mundo. Pero debían transcurrir muchos años antes de que la madre de Jesús comprendiese la misión de él.

María esperaba el reinado del Mesías en el trono de David, pero no veía el bautismo de sufrimiento por cuyo medio debía ganarlo. Simeón reveló el hecho de que el Mesías no iba a encontrar una senda expedita por el mundo. En las palabras dirigidas a María: "Una espada traspasará tu alma," Dios, en su misericordia, dio a conocer a la madre de Jesús la angustia que por él ya había empezado a sufrir.

"He aquí—había dicho Simeón,—éste es puesto para caída y para levantamiento de muchos en Israel; y para señal a la que será contradicho." Deben caer los que quieren volverse a levantar. Debemos caer sobre la Roca y ser quebrantados, antes que podamos ser levantados en Cristo. El yo debe ser destronado, el orgullo debe ser humillado, si queremos conocer la gloria del reino espiritual. Los judíos no querían aceptar la honra que se alcanza por la humillación. Por lo tanto, no quisieron recibir a su Redentor. Fue una señal contradicha.

"Para que sean manifestados los pensamientos de muchos corazones." A la luz de la vida del Salvador, el corazón de cada uno, aun desde el Creador hasta el príncipe de las tinieblas, será revelado. Satanás presentaba a Dios como un ser egoísta y opresor, que lo pedía todo y no daba nada, que exigía el servicio de sus criaturas para su propia gloria, sin hacer ningún sacrificio para su bien. Pero el don de Cristo revela el corazón del Padre. Testifica que los pensamientos de Dios hacia nosotros son "pensamientos de paz, y no de mal." (Jer. 29:11). Declara que aunque el odio que Dios siente por el pecado es tan fuerte como la muerte, su amor hacia el pecador es más fuerte que la muerte. Habiendo emprendido nuestra redención, no escatimará nada, por mucho que le cueste, de lo que sea necesario para la terminación de su obra. No se retiene ninguna verdad esencial para nuestra salvación, no se omite ningún milagro de misericordia, no se deja sin empleo ningún agente divino. Se acumula un favor sobre otro, una dádiva sobre otra. Todo el tesoro del cielo está abierto a aquellos a quienes él trata de salvar. Habiendo reunido las riquezas del universo, y abierto los recursos de la potencia infinita, lo entrega todo en las manos de Cristo y dice: Todas estas cosas son para el hombre. Úsalas para convencerlo de que no hay mayor amor que el mío en la tierra o en el cielo. Amándome hallará su mayor felicidad.

En la cruz del Calvario, el amor y el egoísmo se encontraron frente a frente. Allí fue hecha su manifestación culminante. Cristo había vivido tan sólo para consolar y bendecir, y al darle muerte, Satanás manifestó la perversidad de su odio contra Dios. Hizo evidente que el propósito verdadero de su rebelión era destronar a Dios, y destruir a Aquel por quien el amor de Dios se manifestaba.

Por la vida y la muerte de Cristo, los pensamientos de los hombres son puestos en evidencia. Desde el pesebre hasta la cruz, la vida de Jesús fue una vocación de entrega de sí mismo, y de participación en los sufrimientos. Reveló los propósitos de los hombres. Jesús vino con la verdad del cielo, y todos los que escucharon la voz del Espíritu Santo fueron atraídos a él. Los que se adoraban a sí mismos pertenecían al reino de Satanás. En su actitud hacia Cristo, todos iban a demostrar en qué lado estaban. Y así cada uno pronuncia juicio sobre sí mismo.

En el día del juicio final, cada alma perdida comprenderá la naturaleza de su propio rechazamiento de la verdad. Se presentará la cruz y toda mente que fue cegada por la transgresión verá su verdadero significado. Ante la visión del Calvario con su Víctima misteriosa, los pecadores quedarán condenados. Toda excusa mentirosa quedará anulada. La apostasía humana aparecerá en su odioso carácter. Los hombres verán lo que fue su elección. Toda cuestión de verdad y error en la larga controversia quedará entonces aclarada. A juicio del universo, Dios quedará libre de toda culpa por la existencia o continuación del mal. Se demostrará que los decretos divinos no son accesorios al pecado. No había defecto en el gobierno de Dios, ni causa de desafecto. Cuando los pensamientos de todos los corazones sean revelados, tanto los leales como los rebeldes se unirán para declarar: "Justos y verdaderos son tus caminos, Rey de los santos. ¿Quién no te temerá, oh Señor, y engrandecerá tu nombre? . . . Porque tus juicios son manifestados." (Apoc.15:3, 4).

4
"Su Estrella Hemos Visto"

Este capítulo está basado en S. Mateo 2.

"Y COMO fue nacido Jesús en Belén de Judea en días del rey Herodes, he aquí unos magos vinieron del oriente a Jerusalem, diciendo: ¿Dónde está el Rey de los judíos, que ha nacido? Porque su estrella hemos visto en el oriente, y venimos a adorarle."

Los magos del Oriente eran filósofos. Pertenecían a la clase numerosa e influyente, que incluía hombres de noble alcurnia y poseía gran parte de las riquezas y del saber de su nación. Entre ellos había muchos que explotaban la credulidad del pueblo. Otros eran hombres rectos que estudiaban las manifestaciones de la Providencia en la naturaleza, y eran honrados por su integridad y sabiduría. De este carácter eran los magos que vinieron a Jesús.

La luz de Dios está siempre resplandeciendo aun en medio de las tinieblas del paganismo. Mientras estos magos estudiaban los cielos tachonados de estrellas, y trataban de escudriñar el oculto misterio de sus brillantes derroteros, contemplaban la gloria del Creador. Buscando un conocimiento más claro, se dirigieron a las Escrituras hebreas. En su propia tierra, se conservaban escritos proféticos que predecían la llegada de un maestro divino. Balaam era uno de esos magos, aunque fuera en un tiempo profeta de Dios; por el Espíritu Santo había predicho la prosperidad de Israel y la aparición del Mesías; y sus profecías se habían transmitido por la tradición de siglo en siglo. Pero en el Antiguo Testamento, el advenimiento del Salvador se revelaba más claramente. Con gozo supieron los magos que su venida se acercaba, y que todo el mundo iba a quedar lleno del conocimiento de la gloria de Jehová.

Los magos habían visto una luz misteriosa en los cielos la noche en que la gloria de Dios inundó las colinas de Belén. Al desvanecerse la luz, apareció una estrella luminosa que permaneció en los cielos. No era una estrella fija ni un planeta, y el fenómeno excitó el mayor interés. Esa estrella era un distante grupo de resplandecientes ángeles, pero los sabios lo ignoraban. Sin embargo, tenían la impresión de que la estrella era de especial importancia para ellos. Consultaron a los sacerdotes y filósofos, y examinaron los rollos de los antiguos anales. La profecía de Balaam declaraba: "Saldrá estrella de Jacob, y levantaráse cetro de Israel." (Núm. 24:17). ¿Podría haber sido enviada esta extraña estrella como precursora del Prometido? Los magos habían recibido con gratitud la luz de la verdad enviada por el cielo; ahora esa luz se derramaba sobre ellos en rayos más brillantes. En sueños, recibieron la indicación de ir en busca del Príncipe recién nacido.

Así como por la fe Abrahán salió al llamamiento de Dios, "sin saber dónde iba;" (Heb. 11:8) así como por la fe Israel siguió la columna de nube hasta la tierra prometida, estos gentiles salieron para hallar al Salvador prometido. En el Oriente abundaban las cosas preciosas, y los magos no salieron con las manos vacías. Era costumbre ofrecer presentes como acto de homenaje a los príncipes u otros personajes encumbrados, y los magos llevaron los más ricos dones de su tierra como ofrenda a Aquel en quien todas las familias de la tierra iban a ser bendecidas. Era necesario viajar de noche a fin de poder ver la estrella; pero los viajeros pasaban el tiempo repitiendo sus dichos tradicionales y oráculos proféticos relativos a Aquel a quien buscaban. En cada descanso, escudriñaban las profecías; y se afirmaba en ellos la convicción de que eran guiados divinamente. Mientras tenían la estrella por delante como señal externa, tenían también la evidencia interna del Espíritu Santo que estaba impresionando sus corazones, y les inspiraba esperanza. El viaje, aunque largo, fue para ellos muy feliz.

Cuando llegaron a la tierra de Israel, y mientras bajaban del monte de las Olivas, teniendo a Jerusalén a la vista, he aquí que la estrella que los había guiado durante todo el camino se detuvo sobre el templo, y después de un momento desapareció de su vista. Con avidez aceleraron el paso, esperando con toda confianza que el nacimiento del Mesías sería el motivo de toda conversación. Pero preguntaron en vano al respecto. Entrando en la ciudad santa, se dirigieron hacia el templo. Para su gran asombro, no encontraron allí nadie que pareciese saber nada del recién nacido Rey. Sus preguntas no provocaban expresiones de gozo, sino más bien de sorpresa y temor, y hasta de desprecio.

Los sacerdotes repetían tradiciones. Hacían alarde de su religión y de su piedad personal, mientras denunciaban a los griegos y romanos como paganos, y más pecadores que los demás. Los magos no eran idólatras, y a la vista de Dios ocupaban una posición mucho más elevada que aquellos que profesaban adorarle; y sin embargo, los judíos los consideraban paganos. Aun entre aquellos que fueron designados guardianes de los Santos Oráculos, sus ávidas preguntas no despertaron simpatía.

La noticia de la llegada de los magos cundió rápidamente por toda Jerusalén. Su extraña misión creó agitación entre el pueblo, agitación que penetró hasta en el palacio del rey Herodes. El astuto idumeo quedó perturbado por la insinuación de que pudiese tener un rival. Innumerables crímenes habían manchado el camino de su ascensión al trono. Por ser de sangre extranjera, era odiado por el pueblo sobre el cual reinaba. Su única seguridad estribaba en el favor de Roma. Pero este nuevo príncipe tenía un derecho superior. Había nacido para el reino.

Herodes temió que los sacerdotes estuviesen maquinando con los extranjeros para excitar un tumulto popular que lo destronase. Sin embargo, ocultó su desconfianza, resuelto a hacer abortar sus planes por una astucia superior. Reuniendo a los príncipes de los sacerdotes y escribas, los interrogó acerca de lo que enseñaban sus libros sagrados con respecto al lugar en que había de nacer el Mesías.

Esta investigación del que usurpara el trono, hecha a petición de unos extranjeros, hirió el orgullo de los maestros judíos. La indiferencia con que se refirieron a los rollos de la profecía airó al celoso tirano. Pensó que estaban tratando de ocultarle su conocimiento del asunto. Con una autoridad que no se atrevían a despreciar, les ordenó que escudriñasen atentamente y le declarasen el lugar donde debía nacer el Rey que esperaban. "Y ellos le dijeron: En Bethlehem de Judea; porque así está escrito por el profeta:

"Y tú, Belén, de tierra de Judá,
no eres muy pequeña entre los príncipes de Judá;
porque de ti saldrá un guiador,
que apacentará a mi pueblo Israel." (Mat. 2:6).

Herodes invitó entonces a los magos a entrevistarse privadamente con él. Dentro de su corazón, rugía una tempestad de ira y temor, pero conservaba un exterior sereno, y recibió cortésmente a los extranjeros. Indagó acerca del tiempo en que les había aparecido la estrella, y simuló saludar con gozo la indicación del nacimiento de

Cristo. Dijo a sus visitantes: "Andad allá, y preguntad con diligencia por el niño; y después que le hallareis, hacédmelo saber, para que yo también vaya y le adore." Y así diciendo, los despidió para que fuesen a Belén.

Los sacerdotes y ancianos de Jerusalén no eran tan ignorantes acerca del nacimiento de Cristo como aparentaban. El informe de la visita de los ángeles a los pastores había sido llevado a Jerusalén, pero los rabinos lo habían considerado indigno de su atención. Ellos podrían haber encontrado a Jesús, y haber estado listos para conducir a los magos al lugar donde naciera; pero en vez de ello, los sabios vinieron a llamarles la atención al nacimiento del Mesías. "¿Dónde está el Rey de los judíos que ha nacido?—dijeron;—porque su estrella hemos visto en el oriente y venimos a adorarle."

Entonces el orgullo y la envidia cerraron la puerta a la luz. Si los informes traídos por los pastores y los magos habían de ser aceptados, eso colocaba a los sacerdotes y rabinos en una posición poco envidiable, pues desmentía su pretensión de ser exponentes de la verdad de Dios. Esos sabios maestros no querían rebajarse a recibir instrucciones de aquellos a quienes llamaban paganos. No podía ser, razonaban, que Dios los hubiera pasado por alto para comunicarse con pastores ignorantes y gentiles incircuncisos. Resolvieron demostrar su desprecio por los informes que agitaban al rey Herodes y a toda Jerusalén. Ni aun quisieron ir a Belén para ver si esas cosas eran así. E indujeron al pueblo a considerar el interés en Jesús como una excitación fanática. Así empezaron a rechazar a Cristo los sacerdotes y rabinos. Desde entonces, su orgullo y terquedad fueron en aumento hasta transformarse en odio arraigado contra el Salvador. Mientras Dios estaba abriendo la puerta a los gentiles, los dirigentes judíos se la estaban cerrando a sí mismos.

Los magos salieron solos de Jerusalén. Las sombras de la noche iban cayendo cuando pasaron por las puertas, pero para gran gozo suyo volvieron a ver la estrella, y ella los encaminó hacia Belén. Ellos no habían recibido ninguna indicación del humilde estado de Jesús, como la que había sido dada a los pastores. Después del largo viaje, se quedaron desilusionados por la indiferencia de los dirigentes judíos, y habían salido de Jerusalén con menos confianza que cuando entraron en la ciudad. En Belén, no encontraron ninguna guardia real para proteger al recién nacido Rey. No le asistía ninguno de los hombres honrados por el mundo. Jesús se hallaba acostado en un pesebre. Sus padres, campesinos sin educación, eran sus únicos guardianes. ¿Podía ser aquel niño el personaje de quien se había escrito que había de "levantar las tribus de Jacob" y restaurar "los asolamientos de Israel;" que sería "luz de las gentes," y "salud hasta lo postrero de la tierra"? (Isa. 49:6).

"Y entrando en la casa, vieron al niño con su madre María, y postrándose, le adoraron." Bajo el humilde disfraz de Jesús, reconocieron la presencia de la divinidad. Le dieron sus corazones como a su Salvador, y entonces sacaron sus presentes, "oro e incienso y mirra." ¡Qué fe la suya! Podría haberse dicho de los magos del Oriente, como se dijo más tarde del centurión romano: "Ni aun en Israel he hallado fe tanta." (Mat. 8:10).

Los magos no habían comprendido el designio de Herodes hacia Jesús. Cuando el objeto de su viaje fue logrado, se prepararon para volver a Jerusalén, y se proponían darle cuenta de su éxito. Pero en un sueño recibieron una orden divina de no comunicarse más con él. Evitando pasar por Jerusalén, emprendieron el viaje de regreso a su país por otro camino. Igualmente José recibió advertencia de huir a Egipto con María y el niño. Y el ángel dijo: "Estáte allá hasta que yo te lo diga; porque ha de acontecer, que Herodes buscará al niño para matarle." José obedeció sin dilación, emprendiendo viaje de noche para mayor seguridad.

Mediante los magos, Dios había llamado la atención de la nación judía al nacimiento de su Hijo. Sus investigaciones en Jerusalén, el interés popular que excitaron, y aun los celos de Herodes, cosas que atrajeron la atención de los sacerdotes y rabinos, dirigieron los espíritus a las profecías concernientes al Mesías, y al gran acontecimiento que acababa de suceder.

Satanás estaba resuelto a privar al mundo de la luz divina, y empleó su mayor astucia para destruir al Salvador. Pero Aquel que nunca dormita ni duerme, velaba sobre su amado Hijo. Aquel que había hecho descender maná del cielo para Israel, y había alimentado a Elías en tiempo de hambre, proveyó en una tierra pagana un refugio para María y el niño Jesús. Y mediante los regalos de los magos de un país pagano, el Señor suministró los medios para el viaje a Egipto y la estada en esa tierra extraña.

Los magos habían estado entre los primeros en dar la bienvenida al Redentor. Su presente fue el primero depositado a sus pies. Y mediante este presente, ¡qué privilegio de servir tuvieron! Dios se deleita en honrar la ofrenda del corazón que ama, dándole la mayor eficacia en su servicio. Si hemos dado nuestro corazón a

Jesús, le traeremos también nuestros donativos. Nuestro oro y plata, nuestras posesiones terrenales más preciosas, nuestros dones mentales y espirituales más elevados, serán dedicados libremente a Aquel que nos amó y se dio a sí mismo por nosotros.

Herodes esperaba impacientemente en Jerusalén el regreso de los magos. A medida que transcurría el tiempo y ellos no aparecían, se despertaron sus sospechas. La poca voluntad de los rabinos para señalar el lugar del nacimiento del Mesías parecía indicar que se habían dado cuenta de su designio, y que los magos le evitaban a propósito. Este pensamiento le enfurecía. La astucia había fracasado, pero le quedaba el recurso de la fuerza. Iba a hacer un escarmiento en este niño rey. Aquellos altivos judíos verían lo que podían esperar de sus tentativas de poner un monarca en el trono.

Envió inmediatamente soldados a Belén con órdenes de matar a todos los niños menores de dos años. Los tranquilos hogares de la ciudad de David presenciaron aquellas escenas de horror que seis siglos antes habían sido presentadas al profeta. "Voz fue oída en Ramá, grande lamentación, lloro y gemido: Raquel que llora sus hijos; y no quiso ser consolada, porque perecieron."

Los judíos habían traído esta calamidad sobre sí mismos. Si hubiesen andado con fidelidad y humildad delante de Dios, de alguna manera señalada él habría hecho inofensiva para ellos la ira del rey. Pero se habían separado de Dios por sus pecados, y habían rechazado al Espíritu Santo que era su único escudo. No habían estudiado las Escrituras con el deseo de conformarse a la voluntad de Dios. Habían buscado profecías que pudiesen interpretarse de manera que los exaltaran y demostraran que Dios despreciaba a todas las demás naciones. Se jactaban orgullosamente de que el Mesías había de venir como Rey, para vencer a sus enemigos y hollar a los paganos en su ira. Así habían excitado el odio de sus gobernantes, y por su falsa presentación de la misión de Cristo, Satanás se había propuesto lograr la destrucción del Salvador; pero en vez de ello, esto se volvió sobre sus cabezas.

Este acto de crueldad fue uno de los últimos que ensombrecieron el reinado de Herodes. Poco después de la matanza de los inocentes, cayó bajo esa mano que nadie puede apartar. Sufrió una muerte horrible.

José, que estaba todavía en Egipto, recibió entonces de un ángel de Dios la orden de volver a la tierra de Israel. Considerando a Jesús como heredero del trono de David, José deseaba establecerse en Belén; pero al saber que Arquelao reinaba en Judea en lugar de su padre, temió que los designios del padre contra Cristo fuesen llevados a cabo por el hijo. De todos los hijos de Herodes, Arquelao era el que más se le asemejaba en carácter. Ya su advenimiento al gobierno había sido señalado por un tumulto en Jerusalén y la matanza de miles de judíos por los guardias romanos.

Otra vez fue José dirigido a un lugar de seguridad. Volvió a Nazaret, donde antes habitara, y allí durante casi treinta años habitó Jesús, "para que se cumpliese lo que fue dicho por los profetas, que había de ser llamado Nazareno." Galilea se hallaba bajo el dominio de un hijo de Herodes, pero tenía mayor proporción de habitantes extranjeros que Judea. Por eso había menos interés en los asuntos relacionados especialmente con los judíos, y los derechos reales de Jesús propenderían mucho menos a excitar los celos de los gobernantes.

Tal fue la recepción del Salvador cuando vino a la tierra. Parecía no haber lugar de descanso o de seguridad para el niño Redentor. Dios no podía confiar su amado Hijo a los hombres, ni aun mientras llevaba a cabo su obra a favor de la salvación de ellos. Comisionó a los ángeles para que acompañasen a Jesús y le protegieran hasta que cumpliese su misión en la tierra y muriera a manos de aquellos a quienes había venido a salvar.

5

La Niñez de Cristo

Este capítulo está basado en S. Lucas 2:39, 40.

JESÚS pasó su niñez y juventud en una aldea de montaña. No había en la tierra lugar que no habría resultado honrado por su presencia. Habría sido un privilegio para los palacios reales recibirle como huésped. Pero él pasó por alto las mansiones de los ricos, las cortes reales y los renombrados atrios del saber, para vivir en el obscuro y despreciado pueblo de Nazaret.

Es admirable por su significado el breve relato de sus primeros años: "Y el niño crecía, y fortalecíase, y se henchía de sabiduría; y la gracia de Dios era sobre él." En el resplandor del rostro de su Padre, Jesús "crecía en sabiduría, y en edad, y en gracia para con Dios y los hombres."(Luc. 2:52). Su inteligencia era viva y aguda; tenía una reflexión y una sabiduría que superaban a sus años. Sin embargo, su carácter era de hermosa simetría. Las facultades de su intelecto y de su cuerpo se desarrollaban gradualmente, en armonía con las leyes de la niñez.

Durante su infancia, Jesús manifestó una disposición especialmente amable. Sus manos voluntarias estaban siempre listas para servir a otros. Revelaba una paciencia que nada podía perturbar, y una veracidad que nunca sacrificaba la integridad. En los buenos principios, era firme como una roca, y su vida revelaba la gracia de una cortesía desinteresada.

Con profundo interés, la madre de Jesús miraba el desarrollo de sus facultades, y contemplaba la perfección de su carácter. Con deleite trataba de estimular esa mentalidad inteligente y receptiva. Mediante el Espíritu Santo recibió sabiduría para cooperar con los agentes celestiales en el desarrollo de este niño que no tenía otro padre que Dios.

Desde los tiempos más remotos, los fieles de Israel habían prestado mucha atención a la educación de la juventud. El Señor había indicado que, desde la más tierna infancia, debía enseñarse a los niños

LA NIÑEZ DE CRISTO

su bondad y grandeza, especialmente en la forma en que se revelaban en la ley divina y en la historia de Israel. Los cantos, las oraciones y las lecciones de las Escrituras debían adaptarse a los intelectos en desarrollo. Los padres debían enseñar a sus hijos que la ley de Dios es una expresión de su carácter, y que al recibir los principios de la ley en el corazón, la imagen de Dios se grababa en la mente y el alma. Gran parte de la enseñanza era oral; pero los jóvenes aprendían también a leer los escritos hebreos; y podían estudiar los pergaminos del Antiguo Testamento.

En los días de Cristo, el pueblo o ciudad que no hacía provisión para la instrucción religiosa de los jóvenes, se consideraba bajo la maldición de Dios. Sin embargo, la enseñanza había llegado a ser formalista. La tradición había suplantado en gran medida a las Escrituras. La verdadera educación debía inducir a los jóvenes a que "buscasen a Dios, si en alguna manera, palpando, le hallen." (Hech. 17:27). Pero los maestros judíos dedicaban su atención al ceremonial. Llenaban las mentes de asuntos inútiles para el estudiante, que no podían ser reconocidos en la escuela superior del cielo. La experiencia que se obtiene por una aceptación personal de la Palabra de Dios, no tenía cabida en su sistema educativo. Absortos en las ceremonias externas, los alumnos no encontraban tiempo para pasar horas de quietud con Dios. No oían su voz que hablaba al corazón. En su búsqueda de conocimiento, se apartaban de la Fuente de la sabiduría. Los grandes hechos esenciales del servicio de Dios eran descuidados. Los principios de la ley eran obscurecidos. Lo que se consideraba como educación superior, era el mayor obstáculo para el desarrollo verdadero. Bajo la preparación que daban los rabinos, las facultades de la juventud eran reprimidas. Su intelecto se paralizaba y estrechaba.

El niño Jesús no recibió instrucción en las escuelas de las sinagogas. Su madre fue su primera maestra humana. De labios de ella y de los rollos de los profetas, aprendió las cosas celestiales. Las mismas palabras que él había hablado a Israel por medio de Moisés, le fueron enseñadas sobre las rodillas de su madre. Y al pasar de la niñez a la adolescencia, no frecuentó las escuelas de los rabinos. No necesitaba la instrucción que podía obtenerse de tales fuentes, porque Dios era su instructor.

La pregunta hecha durante el ministerio del Salvador "¿Cómo sabe éste letras, no habiendo aprendido?" (Juan 7:15) no indica que Jesús no sabía leer, sino meramente que no había recibido una educación rabínica. Puesto que él adquirió saber como nosotros podemos adquirirlo, su conocimiento íntimo de las Escrituras nos demuestra cuán diligentemente dedicó sus primeros años al estudio de la Palabra de Dios. Delante de él se extendía la gran biblioteca de las obras de Dios. El que había hecho todas las cosas, estudió las lecciones que su propia mano había escrito en la tierra, el mar y el cielo. Apartado de los caminos profanos del mundo, adquiría conocimiento científico de la naturaleza. Estudiaba la vida de las plantas, los animales y los hombres. Desde sus más tiernos años, fue dominado por un propósito: vivió para beneficiar a otros. Para ello, hallaba recursos en la naturaleza; al estudiar la vida de las plantas y de los animales concebía nuevas ideas de los medios y modos de realizarlo. Continuamente trataba de sacar de las cosas que veía ilustraciones con las cuales presentar los vivos oráculos de Dios. Las parábolas mediante las cuales, durante su ministerio, le gustaba enseñar sus lecciones de verdad, demuestran cuán abierto estaba su espíritu a la influencia de la naturaleza, y cómo había obtenido enseñanzas espirituales de las cosas que le rodeaban en la vida diaria.

Así se revelaba a Jesús el significado de la Palabra y las obras de Dios, mientras trataba de comprender la razón de las cosas que veía. Le acompañaban los seres celestiales, y se gozaba cultivando santos pensamientos y comuniones. Desde el primer destello de la inteligencia, estuvo constantemente creciendo en gracia espiritual y conocimiento de la verdad.

Todo niño puede aprender como Jesús. Mientras tratemos de familiarizarnos con nuestro Padre celestial mediante su Palabra, los ángeles se nos acercarán, nuestro intelecto se fortalecerá, nuestro carácter se elevará y refinará. Llegaremos a ser más semejantes a nuestro Salvador. Y mientras contemplemos la hermosura y grandiosidad de la naturaleza, nuestros afectos se elevarán a Dios. Mientras el espíritu se prosterna asombrado, el alma se vigoriza poniéndose en contacto con el ser infinito mediante sus obras. La comunión con Dios por medio de la oración desarrolla las facultades mentales y morales, y las espirituales se fortalecen mientras cultivamos pensamientos relativos a las cosas espirituales.

La vida de Jesús estuvo en armonía con Dios. Mientras era niño, pensaba y hablaba como niño; pero ningún vestigio de pecado manchilló la imagen de Dios en él. Sin embargo, no estuvo exento de tentación. Los habitantes de Nazaret eran proverbiales por su maldad. La pregunta que hizo Natanael: "¿De Nazaret puede haber algo de bueno?" (Juan 1:46) demuestra la poca estima en que se los tenía

La Niñez de Cristo

generalmente. Jesús fue colocado donde su carácter iba a ser probado. Le era necesario estar constantemente en guardia a fin de conservar su pureza. Estuvo sujeto a todos los conflictos que nosotros tenemos que arrostrar, a fin de sernos un ejemplo en la niñez, la adolescencia y la edad adulta.

Satanás fue incansable en sus esfuerzos por vencer al Niño de Nazaret. Desde sus primeros años Jesús fue guardado por los ángeles celestiales; sin embargo, su vida fue una larga lucha contra las potestades de las tinieblas. El que hubiese en la tierra una vida libre de la contaminación del mal era algo que ofendía y dejaba perplejo al príncipe de las tinieblas. No dejó sin probar medio alguno de entrampar a Jesús. Ningún hijo de la humanidad tendrá que llevar una vida santa en medio de tan fiero conflicto con la tentación como nuestro Salvador.

Los padres de Jesús eran pobres y dependían de su trabajo diario para su sostén. Él conoció la pobreza, la abnegación y las privaciones. Esto fue para él una salvaguardia. En su vida laboriosa, no había momentos ociosos que invitasen a la tentación. No había horas vacías que preparasen el camino para las compañías corruptas. En cuanto le era posible, cerraba la puerta al tentador. Ni la ganancia ni el placer, ni los aplausos ni la censura, podían inducirle a consentir en un acto pecaminoso. Era sabio para discernir el mal, y fuerte para resistirlo.

Cristo fue el único ser que vivió sin pecar en esta tierra. Sin embargo, durante casi treinta años moró entre los perversos habitantes de Nazaret. Este hecho es una represión para los que creen que dependen del lugar, la fortuna o la prosperidad para vivir una vida sin mácula. La tentación, la pobreza, la adversidad son la disciplina que se necesita para desarrollar pureza y firmeza.

Jesús vivió en un hogar de artesanos, y con fidelidad y alegría desempeñó su parte en llevar las cargas de la familia. Había sido el generalísimo del cielo, y los ángeles se habían deleitado cumpliendo su palabra; ahora era un siervo voluntario, un hijo amante y obediente. Aprendió un oficio, y con sus propias manos trabajaba en la carpintería con José. Vestido como un obrero común, recorría las calles de la pequeña ciudad, yendo a su humilde trabajo y volviendo de él. No empleaba su poder divino para disminuir sus cargas ni aliviar su trabajo.

Mientras Jesús trabajaba en su niñez y juventud, su mente y cuerpo se desarrollaban. No empleaba temerariamente sus facultades físicas, sino de una manera que las conservase en buena salud, a fin de ejecutar el mejor trabajo en todo ramo. No quería ser deficiente ni aun en el manejo de las herramientas. Fue perfecto como obrero, como lo fue en carácter. Por su ejemplo, nos enseñó que es nuestro deber ser laboriosos, y que nuestro trabajo debe cumplirse con exactitud y esmero, y que una labor tal es honorable. El ejercicio que enseña a las manos a ser útiles, y prepara a los jóvenes para llevar su parte de las cargas de la vida, da fuerza física y desarrolla toda facultad. Todos deben hallar algo que hacer benéfico para sí y para otros. Dios nos asignó el trabajo como una bendición, y sólo el obrero diligente halla la verdadera gloria y el gozo de la vida. La aprobación de Dios descansa con amante seguridad sobre los niños y jóvenes que alegremente asumen su parte en los deberes de la familia, y comparten las cargas de sus padres. Los tales, al salir del hogar, serán miembros útiles de la sociedad.

Durante toda su vida terrenal, Jesús trabajó con fervor y constancia. Esperaba mucho resultado; por lo tanto intentaba grandes cosas. Después que hubo entrado en su ministerio, dijo: "Conviéneme obrar las obras del que me envió, entretanto que el día dura: la noche viene, cuando nadie puede obrar." (Juan 9:4). Jesús no rehuyó los cuidados y la responsabilidad, como los rehuyen muchos que profesan seguirle. Y debido a que tratan de eludir esta disciplina, muchos son débiles y faltos de eficiencia. Tal vez posean rasgos preciosos y amables, pero son cobardes y casi inútiles cuando se han de arrostrar dificultades y superar obstáculos. El carácter positivo y enérgico, sólido y fuerte que manifestó Cristo, debe desarrollarse en nosotros, mediante la misma disciplina que él soportó. Y a nosotros se nos ofrece la gracia que recibió él.

Mientras vivió entre los hombres, nuestro Salvador compartió la suerte de los pobres. Conoció por experiencia sus cuidados y penurias, y podía consolar y estimular a todos los humildes trabajadores. Los que tienen un verdadero concepto de la enseñanza de su vida, no creerán nunca que deba hacerse distinción entre las clases, que los ricos han de ser honrados más que los pobres dignos.

Jesús trabajaba con alegría y tacto. Se necesita mucha paciencia y espiritualidad para introducir la religión de la Biblia en la vida familiar y en el taller; para soportar la tensión de los negocios mundanales, y, sin embargo, continuar deseando sinceramente la gloria de Dios. En esto Cristo fue un ayudador. Nunca estuvo tan embargado por los cuidados de este mundo que no tuviese tiempo o pensamientos para las cosas celestiales. A menudo expresaba su alegría cantando salmos

La Niñez de Cristo

e himnos celestiales. A menudo los moradores de Nazaret oían su voz que se elevaba en alabanza y agradecimiento a Dios. Mantenía comunión con el Cielo mediante el canto; y cuando sus compañeros se quejaban por el cansancio, eran alegrados por la dulce melodía que brotaba de sus labios. Sus alabanzas parecían ahuyentar a los malos ángeles, y como incienso, llenaban el lugar de fragancia. La mente de los que le oían se alejaba del destierro que aquí sufrían para elevarse a la patria celestial.

Jesús era la fuente de la misericordia sanadora para el mundo; y durante todos aquellos años de reclusión en Nazaret, su vida se derramó en raudales de simpatía y ternura. Los ancianos, los tristes y los apesadumbrados por el pecado, los niños que jugaban con gozo inocente, los pequeños seres de los vergeles, las pacientes bestias de carga, todos eran más felices a causa de su presencia. Aquel cuya palabra sostenía los mundos podía agacharse a aliviar un pájaro herido. No había nada tan insignificante que no mereciese su atención o sus servicios.

Así, mientras crecía en sabiduría y estatura, Jesús crecía en gracia para con Dios y los hombres. Se granjeaba la simpatía de todos los corazones, mostrándose capaz de simpatizar con todos. La atmósfera de esperanza y de valor que le rodeaba hacía de él una bendición en todo hogar. Y a menudo, en la sinagoga, los sábados, se le pedía que leyese la lección de los profetas, y el corazón de los oyentes se conmovía al ver irradiar una nueva luz de las palabras familiares del texto sagrado.

Sin embargo, Jesús rehuía la ostentación. Durante todos los años de su estada en Nazaret, no manifestó su poder milagroso. No buscó ninguna posición elevada, ni asumió títulos. Su vida tranquila y sencilla, y aun el silencio de las Escrituras acerca de sus primeros años, nos enseñan una lección importante. Cuanto más tranquila y sencilla sea la vida del niño, cuanto más libre de excitación artificial y más en armonía con la naturaleza, más favorable será para el vigor físico y mental y para la fuerza espiritual.

Jesús es nuestro ejemplo. Son muchos los que se espacian con interés en el período de su ministerio público, mientras pasan por alto la enseñanza de sus primeros años. Pero es en su vida familiar donde es el modelo para todos los niños y jóvenes. El Salvador condescendió en ser pobre, a fin de enseñarnos cuán íntimamente podemos andar con Dios nosotros los de suerte humilde. Vivió para agradar, honrar y glorificar a su Padre en las cosas comunes de la vida. Empezó su obra consagrando el humilde oficio del artesano que trabaja para ganarse el pan cotidiano. Estaba haciendo el servicio de Dios tanto cuando trabajaba en el banco del carpintero como cuando hacía milagros para la muchedumbre. Y todo joven que siga fiel y obedientemente el ejemplo de Cristo en su humilde hogar, puede aferrarse a estas palabras que el Padre dijo de él por el Espíritu Santo: "He aquí mi siervo, yo le sostendré; mi escogido, en quien mi alma toma contentamiento."(Isa. 42:1).

6

La Visita de Pascua

Este capítulo está basado en S. Lucas 2:41-51.

ENTRE los judíos, el año duodécimo era la línea de demarcación entre la niñez y la adolescencia. Al cumplir ese año, el niño hebreo era llamado hijo de la ley y también hijo de Dios. Se le daban oportunidades especiales para instruirse en la religión, y se esperaba que participase en sus fiestas y ritos sagrados. De acuerdo con esta costumbre, Jesús hizo en su niñez una visita de Pascua a Jerusalén. Como todos los israelitas devotos, José y María subían cada año para asistir a la Pascua; y cuando Jesús tuvo la edad requerida, le llevaron consigo.

Había tres fiestas anuales: la Pascua, Pentecostés y la fiesta de las Cabañas, en las cuales todos los hombres de Israel debían presentarse delante del Señor en Jerusalén. De estas fiestas, la Pascua era la más concurrida. Acudían muchos de todos los países donde se hallaban dispersos los judíos. De todas partes de Palestina, venían los adoradores en grandes multitudes. El viaje desde Galilea ocupaba varios días, y los viajeros se unían en grandes grupos para obtener compañía y protección. Las mujeres y los ancianos iban montados en bueyes o asnos en los lugares escabrosos del camino. Los hombres fuertes y los jóvenes viajaban a pie. El tiempo de la Pascua correspondía a fines de marzo o principios de abril, y todo el país era alegrado por las flores y el canto de los pájaros. A lo largo de todo el camino, había lugares memorables en la historia de Israel, y los padres y las madres relataban a sus hijos las maravillas que Dios había hecho en favor de su pueblo en los siglos pasados. Amenizaban su viaje con cantos y música, y cuando por fin se vislumbraban las torres de Jerusalén, todas las voces cantaban la triunfante estrofa:

"En tus atrios descansarán
nuestros pies ¡oh Jerusalem! . . .
Reine la paz dentro de tus muros,
y la abundancia en . . . tus palacios." (Sal. 122:2, 7, V. de T.A.)

La observancia de la Pascua empezó con el nacimiento de la nación hebrea. La última noche de servidumbre en Egipto, cuando aun no se veían indicios de liberación, Dios le ordenó que se preparase para una liberación inmediata. Él había advertido al faraón del juicio final de los egipcios, e indicó a los hebreos que reuniesen a sus familias en sus moradas. Habiendo asperjado los dinteles de sus puertas con la sangre del cordero inmolado, habían de comer el cordero asado, con pan sin levadura y hierbas amargas. "Así habéis de comerlo —dijo,— ceñidos vuestros lomos, vuestros zapatos en vuestros pies, y vuestro bordón en vuestra mano; y lo comeréis apresuradamente: es la Pascua de Jehová." (Éxo. 12:11). A la medianoche, todos los primogénitos de los egipcios perecieron. Entonces el rey envió a Israel el mensaje: "Salid de en medio de mi pueblo; ...e id, servid a Jehová, como habéis dicho." (Éxo. 12:31). Los hebreos salieron de Egipto como una nación independiente. El Señor había ordenado que la Pascua fuese observada anualmente. "Y—dijo él,—cuando os dijeren vuestros hijos: ¿Qué rito es este vuestro? vosotros responderéis: Es la víctima de la Pascua de Jehová, el cual pasó las casas de los hijos de Israel en Egipto, cuando hirió a los egipcios." Y así, de generación en generación, había de repetirse la historia de esa liberación maravillosa.

La Pascua iba seguida de los siete días de panes ázimos. El segundo día de la fiesta, se presentaba una gavilla de cebada delante del Señor como primicias de la mies del año. Todas las ceremonias de la fiesta eran figuras de la obra de Cristo. La liberación de Israel del yugo egipcio era una lección objetiva de la redención, que la Pascua estaba destinada a rememorar. El cordero inmolado, el pan sin levadura, la gavilla de las primicias, representaban al Salvador.

Para la mayor parte del pueblo que vivía en los días de Cristo, la observancia de esta fiesta había degenerado en formalismo. Pero ¡cuál no era su significado para el Hijo de Dios!

Por primera vez, el niño Jesús miraba el templo. Veía a los sacerdotes de albos vestidos cumplir su solemne ministerio. Contemplaba la sangrante víctima sobre el altar del sacrificio. Juntamente con los adoradores, se inclinaba en oración mientras que la nube de incienso ascendía delante de Dios. Presenciaba los impresionantes ritos del servicio pascual. Día tras día, veía más claramente su significado. Todo acto parecía ligado con su propia vida. Se despertaban nuevos impulsos en él. Silencioso y absorto, parecía estar estudiando un gran problema. El misterio de su misión se estaba revelando al Salvador.

La Visita de Pascua

Arrobado en la contemplación de estas escenas, no permaneció al lado de sus padres. Buscó la soledad. Cuando terminaron los servicios pascuales, se demoró en los atrios del templo; y cuando los adoradores salieron de Jerusalén, él fue dejado atrás.

En esta visita a Jerusalén, los padres de Jesús desearon ponerle en relación con los grandes maestros de Israel. Aunque era obediente en todo detalle a la Palabra de Dios, no se conformaba con los ritos y las costumbres de los rabinos. José y María esperaban que se le pudiese inducir a reverenciar a esos sabios y a prestar más diligente atención a sus requerimientos. Pero en el templo Jesús había sido enseñado por Dios, y empezó en seguida a impartir lo que había recibido.

En aquel tiempo, una dependencia del templo servía de local para una escuela sagrada, semejante a las escuelas de los profetas. Allí rabinos eminentes se reunían con sus alumnos, y allí se dirigió el niño Jesús. Sentándose a los pies de aquellos hombres graves y sabios, escuchaba sus enseñanzas. Como quien busca sabiduría, interrogaba a esos maestros acerca de las profecías y de los acontecimientos que entonces ocurrían y señalaban el advenimiento del Mesías.

Jesús se presentó como quien tiene sed del conocimiento de Dios. Sus preguntas sugerían verdades profundas que habían quedado obscurecidas desde hacía mucho tiempo, y que, sin embargo, eran vitales para la salvación de las almas. Al paso que cada pregunta revelaba cuán estrecha y superficial era la sabiduría de los sabios, les presentaba una lección divina, y hacía ver la verdad desde un nuevo punto de vista. Los rabinos hablaban de la admirable exaltación que la venida del Mesías proporcionaría a la nación judía; pero Jesús presentó la profecía de Isaías, y les preguntó qué significaban aquellos textos que señalaban los sufrimientos y la muerte del Cordero de Dios.

Los doctores le dirigieron preguntas, y quedaron asombrados al oír sus respuestas. Con la humildad de un niño, repitió las palabras de la Escritura, dándoles una profundidad de significado que los sabios no habían concebido. De haber seguido los trazos de la verdad que él señalaba, habrían realizado una reforma en la religión de su tiempo. Se habría despertado un profundo interés en las cosas espirituales; y al iniciar Jesús su ministerio, muchos habrían estado preparados para recibirle.

Los rabinos sabían que Jesús no había recibido instrucción en sus escuelas; y, sin embargo, su comprensión de las profecías excedía en mucho a la suya. En este reflexivo niño galileo discernían grandes promesas. Desearon asegurárselo como alumno, a fin de que llegase a ser un maestro de Israel. Querían encargarse de su educación, convencidos de que una mente tan original debía ser educada bajo su dirección.

Las palabras de Jesús habían conmovido sus corazones como nunca lo habían sido por palabras de labios humanos. Dios estaba tratando de dar luz a aquellos dirigentes de Israel, y empleaba el único medio por el cual podían ser alcanzados. Su orgullo se habría negado a admitir que podían recibir instrucción de alguno. Si Jesús hubiese aparentado tratar de enseñarles, habrían desdeñado escucharle. Pero se lisonjeaban de que le estaban enseñando, o por lo menos examinando su conocimiento de las Escrituras. La modestia y gracia juvenil de Jesús desarmaba sus prejuicios. Inconscientemente se abrían sus mentes a la Palabra de Dios, y el Espíritu Santo hablaba a sus corazones.

No podían sino ver que su expectativa concerniente al Mesías no estaba sostenida por la profecía; pero no querían renunciar a las teorías que habían halagado su ambición. No querían admitir que no habían interpretado correctamente las Escrituras que pretendían enseñar. Se preguntaban unos a otros: ¿Cómo tiene este joven conocimiento no habiendo nunca aprendido? La luz estaba resplandeciendo en las tinieblas; "mas las tinieblas no la comprendieron." (Juan 1:5, original).

Mientras tanto, José y María estaban en gran perplejidad y angustia. Al salir de Jerusalén habían perdido de vista a Jesús, y no sabían que se había quedado atrás. El país estaba entonces densamente poblado, y las caravanas de Galilea eran muy grandes. Había mucha confusión al salir de la ciudad. Mientras viajaban, el placer de andar con amigos y conocidos absorbió su atención, y no notaron la ausencia de Jesús hasta que llegó la noche. Entonces, al detenerse para descansar, echaron de menos la mano servicial de su hijo. Suponiendo que estaría con el grupo que los acompañaba, no sintieron ansiedad. Aunque era joven, habían confiado implícitamente en él esperando que cuando le necesitasen, estaría listo para ayudarles, anticipándose a sus menesteres como siempre lo había hecho. Pero ahora sus temores se despertaron. Le buscaron por toda la compañía, pero en vano. Estremeciéndose, recordaron cómo Herodes había tratado de destruirle en su infancia. Sombríos presentimientos llenaron sus corazones; y se hizo cada uno amargos reproches.

Volviendo a Jerusalén, prosiguieron su búsqueda. Al día siguiente, mientras andaban entre los adoradores del templo, una voz familiar les llamó la atención. No podían equivocarse; no había otra voz como la suya, tan seria y ferviente, aunque tan melodiosa.

En la escuela de los rabinos, encontraron a Jesús. Aunque llenos de regocijo, no podían olvidar su pesar y ansiedad. Cuando estuvo otra vez reunido con ellos, la madre le dijo, con palabras que implicaban un reproche: "Hijo, ¿por qué nos has hecho así? He aquí, tu padre y yo te hemos buscado con dolor."

"¿Por qué me buscabais?—contestó Jesús.—¿No sabíais que en los negocios de mi Padre me conviene estar?" Y como no parecían comprender sus palabras, él señaló hacia arriba. En su rostro había una luz que los admiraba. La divinidad fulguraba a través de la humanidad. Al hallarle en el templo, habían escuchado lo que sucedía entre él y los rabinos, y se habían asombrado de sus preguntas y respuestas. Sus palabras despertaron en ellos pensamientos que nunca habrían de olvidarse.

Y la pregunta que les dirigiera encerraba una lección. "¿No sabíais—les dijo—que en los negocios de mi Padre me conviene estar?" Jesús estaba empeñado en la obra que había venido a hacer en el mundo; pero José y María habían descuidado la suya. Dios les había conferido mucha honra al confiarles a su Hijo. Los santos ángeles habían dirigido los pasos de José a fin de conservar la vida de Jesús. Pero durante un día entero habían perdido de vista a Aquel que no debían haber olvidado un momento. Y al quedar aliviada su ansiedad, no se habían censurado a sí mismos, sino que le habían echado la culpa a él.

Era natural que los padres de Jesús le considerasen como su propio hijo. Él estaba diariamente con ellos; en muchos respectos su vida era igual a la de los otros niños, y les era difícil comprender que era el Hijo de Dios. Corrían el peligro de no apreciar la bendición que se les concedía con la presencia del Redentor del mundo. El pesar de verse separados de él, y el suave reproche que sus palabras implicaban, estaban destinados a hacerles ver el carácter sagrado de su cometido.

En la respuesta que dio a su madre, Jesús demostró por primera vez que comprendía su relación con Dios. Antes de su nacimiento, el ángel había dicho a María: "Este será grande, y será llamado Hijo del Altísimo: y le dará el Señor Dios el trono de David su padre: y reinará en la casa de Jacob por siempre." (Luc. 1:32, 33). María había ponderado estas palabras en su corazón; sin embargo, aunque creía que su hijo había de ser el Mesías de Israel, no comprendía su misión. En esta ocasión, no entendió sus palabras; pero sabía que había negado que fuera hijo de José y se había declarado Hijo de Dios.

Jesús no ignoraba su relación con sus padres terrenales. Desde Jerusalén volvió a casa con ellos, y les ayudó en su vida de trabajo. Ocultó en su corazón el misterio de su misión, esperando sumiso el momento señalado en que debía emprender su labor. Durante dieciocho años después de haber aseverado ser Hijo de Dios, reconoció el vínculo que le unía a la familia de Nazaret, y cumplió los deberes de hijo, hermano, amigo y ciudadano.

Al revelársele a Jesús su misión en el templo, rehuyó el contacto de la multitud. Deseaba volver tranquilamente de Jerusalén, con aquellos que conocían el secreto de su vida. Mediante el servicio pascual, Dios estaba tratando de apartar a sus hijos de sus congojas mundanales, y recordarles la obra admirable que él realizara al librarlos de Egipto. Él deseaba que viesen en esta obra una promesa de la liberación del pecado. Así como la sangre del cordero inmolado protegió los hogares de Israel, la sangre de Cristo había de salvar sus almas; pero podían ser salvos por Cristo únicamente en la medida en que por la fe se apropiaban la vida de él. No había virtud en el servicio simbólico, sino en la medida en que dirigía a los adoradores hacia Cristo como su Salvador personal. Dios deseaba que fuesen inducidos a estudiar y meditar con oración acerca de la misión de Cristo. Pero, con demasiada frecuencia, cuando las muchedumbres abandonaban a Jerusalén, la excitación del viaje y el trato social absorbían su atención, y se olvidaban del servicio que habían presenciado. El Salvador no sentía atracción por esas compañías.

Jesús esperaba dirigir la atención de José y María a las profecías referentes a un Salvador que había de sufrir, mientras volviese solo con ellos de Jerusalén. En el Calvario, trató de aliviar la pena de su madre. En estos momentos también pensaba en ella. María había de presenciar su última agonía, y Jesús deseaba que ella comprendiese su misión, a fin de que fuese fortalecida para soportar la prueba cuando la espada atravesara su alma. Así como Jesús había estado separado de ella y ella le había buscado con pesar tres días, cuando fuese ofrecido por los pecados del mundo, lo volvería a perder tres días. Y cuando saliese de la tumba, su pesar se volvería a tornar en gozo. ¡Pero cuánto mejor habría soportado la angustia de su muerte si hubiese comprendido las Escrituras hacia las cuales trataba ahora de dirigir sus pensamientos!

Si José y María hubiesen fortalecido su ánimo en Dios por la

La Visita de Pascua

meditación y la oración, podrían haberse dado cuenta del carácter sagrado de su cometido, y no habrían perdido de vista a Jesús. Por la negligencia de un día, perdieron de vista al Salvador; pero el hallarle les costó tres días de ansiosa búsqueda. Por la conversación ociosa, la maledicencia o el descuido de la oración, podemos en un día perder la presencia del Salvador, y pueden requerirse muchos días de pesarosa búsqueda para hallarle, y recobrar la paz que habíamos perdido.

En nuestro trato mutuo, debemos tener cuidado de no olvidar a Jesús, ni pasar por alto el hecho de que no está con nosotros. Cuando nos dejamos absorber por las cosas mundanales de tal manera que no nos acordamos de Aquel en quien se concentra nuestra esperanza de vida eterna, nos separamos de Jesús y de los ángeles celestiales. Estos seres santos no pueden permanecer donde no se desea la presencia del Salvador ni se nota su ausencia. Esta es la razón por la cual existe con tanta frecuencia el desaliento entre los que profesan seguir a Cristo.

Muchos asisten a los servicios religiosos, y se sienten refrigerados y consolados por la Palabra de Dios; pero por descuidar la meditación, la vigilancia y la oración, pierden la bendición, y se hallan más indigentes que antes de recibirla. Con frecuencia les parece que Dios los ha tratado duramente. No ven que ellos tienen la culpa. Al separarse de Jesús, se han privado de la luz de su presencia.

Sería bueno que cada día dedicásemos una hora de reflexión a la contemplación de la vida de Cristo. Debiéramos tomarla punto por punto, y dejar que la imaginación se posesione de cada escena, especialmente de las finales. Y mientras nos espaciemos así en su gran sacrificio por nosotros, nuestra confianza en él será más constante, se reavivará nuestro amor, y quedaremos más imbuidos de su Espíritu. Si queremos ser salvos al fin, debemos aprender la lección de penitencia y humillación al pie de la cruz.

Mientras nos asociamos unos con otros, podemos ser una bendición mutua. Si pertenecemos a Cristo, nuestros pensamientos más dulces se referirán a él. Nos deleitaremos en hablar de él; y mientras hablemos unos a otros de su amor, nuestros corazones serán enternecidos por las influencias divinas. Contemplando la belleza de su carácter, seremos "transformados de gloria en gloria en la misma semejanza." (2 Cor. 3:18).

7

Días de Conflicto

DESDE SUS más tiernos años, el niño judío estaba rodeado por los requerimientos de los rabinos. Había reglas rígidas para cada acto, aun para los más pequeños detalles de la vida. Los maestros de la sinagoga instruían a la juventud en los incontables reglamentos que los israelitas ortodoxos debían observar. Pero Jesús no se interesaba en esos asuntos. Desde la niñez, actuó independientemente de las leyes rabínicas. Las Escrituras del Antiguo Testamento eran su constante estudio, y estaban siempre sobre sus labios las palabras: "Así dice Jehová."

A medida que empezó a comprender la condición del pueblo, vio que los requerimientos de la sociedad y los de Dios estaban en constante contradicción. Los hombres se apartaban de la Palabra de Dios, y ensalzaban las teorías que habían inventado. Observaban ritos tradicionales que no poseían virtud alguna. Su servicio era una mera repetición de ceremonias; y las verdades sagradas que estaban destinadas a enseñar eran ocultadas a los adoradores. Él vio que en estos servicios sin fe no hallaban paz. No conocían la libertad de espíritu que obtendrían sirviendo a Dios en verdad. Jesús había venido para enseñar el significado del culto a Dios, y no podía sancionar la mezcla de los requerimientos humanos con los preceptos divinos. Él no atacaba los preceptos ni las prácticas de los sabios maestros; pero cuando se le reprendía por sus propias costumbres sencillas presentaba la Palabra de Dios en justificación de su conducta.

De toda manera amable y sumisa, Jesús procuraba agradar a aquellos con quienes trataba. Porque era tan amable y discreto, los escribas y ancianos suponían que recibiría fácilmente la influencia de su enseñanza. Le instaban a recibir las máximas y tradiciones que habían sido transmitidas desde los antiguos rabinos, pero él pedía verlas autorizadas en la Santa Escritura. Estaba dispuesto a escuchar toda palabra que procede de la boca de Dios; pero no podía obedecer a lo inventado por los hombres. Jesús parecía conocer las Escrituras desde el principio al fin, y las presentaba con su verdadero significado. Los rabinos se avergonzaban de ser instruidos por un niño. Sostenían que incumbía a ellos explicar las Escrituras, y que a él le tocaba aceptar su interpretación. Se indignaban porque él se oponía a su palabra.

Sabían que en las Escrituras no podían encontrar autorización para sus tradiciones. Se daban cuenta de que en comprensión espiritual, Jesús los superaba por mucho. Sin embargo, se airaban porque no obedecía sus dictados. No pudiendo convencerle, buscaron a José y María y les presentaron su actitud disidente. Así sufrió él reprensión y censura.

En edad muy temprana, Jesús había empezado a obrar por su cuenta en la formación de su carácter, y ni siquiera el respeto y el amor por sus padres podían apartarlo de la obediencia a la Palabra de Dios. La declaración: "Escrito está" constituía su razón por todo acto que difería de las costumbres familiares. Pero la influencia de los rabinos le amargaba la vida. Aun en su juventud tuvo que aprender la dura lección del silencio y la paciente tolerancia.

Sus hermanos, como se llamaba a los hijos de José, se ponían del lado de los rabinos. Insistían en que debían seguirse las tradiciones como si fuesen requerimientos de Dios. Hasta tenían los preceptos de los hombres en más alta estima que la Palabra de Dios, y les molestaba mucho la clara penetración de Jesús al distinguir entre lo falso y lo verdadero. Condenaban su estricta obediencia a la ley de Dios como terquedad. Les asombraba el conocimiento y la sabiduría que manifestaba al contestar a los rabinos. Sabían que no había recibido instrucción de los sabios, pero no podían menos que ver que los instruía a ellos. Reconocían que su educación era de un carácter superior a la de ellos. Pero no discernían que tenía acceso al árbol de la vida, a una fuente de conocimientos que ellos ignoraban.

Cristo no era exclusivista, y había ofendido especialmente a los fariseos al apartarse, en este respecto, de sus rígidas reglas. Halló al dominio de la religión rodeado por altas murallas de separación, como si fuera demasiado sagrado para la vida diaria, y derribó esos muros de separación. En su trato con los hombres, no preguntaba: ¿Cuál es vuestro credo? ¿A qué iglesia pertenecéis? Ejercía su facultad de ayudar en favor de todos los que necesitaban ayuda. En vez de aislarse en una celda de ermitaño a fin de mostrar su carácter celestial, trabajaba fervientemente por la humanidad. Inculcaba el principio de que la religión de la Biblia no consiste en la mortificación del cuerpo. Enseñaba que la religión pura y sin mácula no está destinada solamente a horas fijas y ocasiones especiales. En todo momento y lugar, manifestaba amante interés por los hombres, y difundía en derredor suyo la luz de una piedad alegre. Todo esto reprendía a los fariseos. Demostraba que la religión no consiste en egoísmo, y que su mórbida devoción al interés personal distaba mucho de ser verdadera piedad. Esto había despertado su enemistad contra Jesús, de manera que procuraban obtener por la fuerza su conformidad a los reglamentos de ellos.

Jesús obraba para aliviar todo caso de sufrimiento que viese. Tenía poco dinero que dar, pero con frecuencia se privaba de alimento a fin de aliviar a aquellos que parecían más necesitados que él. Sus hermanos sentían que la influencia de él contrarrestaba fuertemente la suya. Poseía un tacto que ninguno de ellos tenía ni deseaba tener. Cuando ellos hablaban duramente a los pobres seres degradados, Jesús buscaba a estas mismas personas y les dirigía palabras de aliento. Daba un vaso de agua fría a los menesterosos y ponía quedamente su propia comida en sus manos. Y mientras aliviaba sus sufrimientos, asociaba con sus actos de misericordia las verdades que enseñaba, y así quedaban grabadas en la memoria.

Todo esto desagradaba a sus hermanos. Siendo mayores que Jesús, les parecía que él debía estar sometido a sus dictados. Le acusaban de creerse superior a ellos, y le reprendían por situarse más arriba que los maestros, sacerdotes y gobernantes del pueblo. Con frecuencia le amenazaban y trataban de intimidarle; pero él seguía adelante, haciendo de las Escrituras su guía.

Jesús amaba a sus hermanos y los trataba con bondad inagotable; pero ellos sentían celos de él y manifestaban la incredulidad y el desprecio más decididos. No podían comprender su conducta. Se les presentaban grandes contradicciones en Jesús. Era el divino Hijo de Dios, y sin embargo, un niño impotente. Siendo el Creador de los mundos, la tierra era su posesión; y, sin embargo, la pobreza le acompañaba a cada paso en esta vida. Poseía una dignidad e individualidad completamente distintas del orgullo y arrogancia terrenales; no contendía por la grandeza mundanal; y estaba contento aun en la posición más humilde. Esto airaba a sus hermanos. No podían explicar su constante serenidad bajo las pruebas y las privaciones. No sabían que por nuestra causa se había hecho pobre, a fin de que "con su pobreza" fuésemos "enriquecidos.' (2 Cor. 8:9). No podían comprender el misterio de su misión mejor

DÍAS DE CONFLICTO

de lo que los amigos de Job podían comprender su humillación y sufrimiento.

Jesús no era comprendido por sus hermanos, porque no era como ellos. Sus normas no eran las de ellos. Al mirar a los hombres, se habían apartado de Dios, y no tenían su poder en su vida. Las formas religiosas que ellos observaban, no podían transformar el carácter. Pagaban el diezmo de "la menta y el eneldo y el comino," pero omitían "lo más grave de la ley, es a saber, el juicio y la misericordia y la fe." (Mat. 23:23). El ejemplo de Jesús era para ellos una continua irritación. Él no odiaba sino una cosa en el mundo, a saber, el pecado. No podía presenciar un acto malo sin sentir un dolor que le era imposible ocultar. Entre los formalistas, cuya apariencia santurrona ocultaba el amor al pecado, y un carácter en el cual el celo por la gloria de Dios ejercía la supremacía, el contraste era inequívoco. Por cuanto la vida de Jesús condenaba lo malo, encontraba oposición tanto en su casa como fuera de ella. Su abnegación e integridad eran comentadas con escarnio. Su tolerancia y bondad eran llamadas cobardía.

Entre las amarguras que caen en suerte a la humanidad, no hubo ninguna que no le tocó a Cristo. Había quienes trataban de vilipendiarle a causa de su nacimiento, y aun en su niñez tuvo que hacer frente a sus miradas escarnecedoras e impías murmuraciones. Si hubiese respondido con una palabra o mirada impaciente, si hubiese complacido a sus hermanos con un solo acto malo, no habría sido un ejemplo perfecto. Así habría dejado de llevar a cabo el plan de nuestra redención. Si hubiese admitido siquiera que podía haber una excusa para el pecado, Satanás habría triunfado, y el mundo se habría perdido. Esta es la razón por la cual el tentador obró para hacer su vida tan penosa como fuera posible, a fin de inducirle a pecar.

Pero para cada tentación tenía una respuesta: "Escrito está." Rara vez reprendía algún mal proceder de sus hermanos, pero tenía alguna palabra de Dios que dirigirles. Con frecuencia le acusaban de cobardía por negarse a participar con ellos en algún acto prohibido; pero su respuesta era: Escrito está: "El temor del Señor es la sabiduría, y el apartarse del mal la inteligencia." (Job 28:28).

Había algunos que buscaban su sociedad, sintiéndose en paz en su presencia; pero muchos le evitaban, porque su vida inmaculada los reprendía. Sus jóvenes compañeros le instaban a hacer como ellos. Era de carácter alegre; les gustaba su presencia, y daban la bienvenida a sus prontas sugestiones; pero sus escrúpulos los impacientaban, y le declaraban estrecho de miras. Jesús contestaba:

Escrito está: "¿Con qué limpiará el joven su camino? Con guardar tu palabra." "En mi corazón he guardado tus dichos, para no pecar contra ti." (Sal. 119:9, 11).

Con frecuencia se le preguntaba: ¿Por qué insistes en ser tan singular, tan diferente de nosotros todos? Escrito está, decía: "Bienaventurados los perfectos de camino; los que andan en la ley de Jehová. Bienaventurados los que guardan sus testimonios, y con todo el corazón le buscan: pues no hacen iniquidad los que andan en sus caminos." (Sal. 119:1-3).

Cuando le preguntaban por qué no participaba en las diversiones de la juventud de Nazaret, decía: Escrito está: "Heme gozado en el camino de tus testimonios, como sobre toda riqueza. En tus mandamientos meditaré, consideraré tus caminos. Recrearéme en tus estatutos: no me olvidaré de tus palabras." (Sal. 119:14-16)

Jesús no contendía por sus derechos. Con frecuencia su trabajo resultaba innecesariamente penoso porque era voluntario y no se quejaba. Sin embargo, no desmayaba ni se desanimaba. Vivía por encima de estas dificultades, como en la luz del rostro de Dios. No ejercía represalias cuando le maltrataban, sino que soportaba pacientemente los insultos.

Repetidas veces se le preguntaba: ¿Por qué te sometes a tantos desprecios, aun de parte de tus hermanos? Escrito está, decía: "Hijo mío, no te olvides de mi ley; y tu corazón guarde mis mandamientos: porque largura de días, y años de vida y paz te aumentarán. Misericordia y verdad no te desamparen; átalas a tu cuello, escríbelas en la tabla de tu corazón: y hallarás gracia y buena opinión en los ojos de Dios y de los hombres." (Prov. 3:1-4).

Desde el tiempo en que los padres de Jesús le encontraron en el templo, su conducta fue un misterio para ellos. No quería entrar en controversia; y, sin embargo, su ejemplo era una lección constante. Parecía puesto aparte. Hallaba sus horas de felicidad cuando estaba a solas con la naturaleza y con Dios. Siempre que podía, se apartaba del escenario de su trabajo, para ir a los campos a meditar en los verdes valles, para estar en comunión con Dios en la ladera de la montaña, o entre los árboles del bosque. La madrugada le encontraba con frecuencia en algún lugar aislado, meditando, escudriñando las Escrituras, u orando. De estas horas de quietud, volvía a su casa para reanudar sus deberes y para dar un ejemplo de trabajo paciente.

La vida de Cristo estaba señalada por el respeto y el amor hacia su madre. María creía en su corazón que el santo niño nacido de ella era el Mesías prometido desde hacía tanto tiempo; y, sin embargo, no se atrevía a expresar su fe. Durante toda su vida terrenal compartió sus sufrimientos. Presenció con pesar las pruebas a él impuestas en su niñez y juventud. Por justificar lo que ella sabía ser correcto en su conducta, ella misma se veía en situaciones penosas. Consideraba que las relaciones del hogar y el tierno cuidado de la madre sobre sus hijos, eran de vital importancia en la formación del carácter. Los hijos y las hijas de José sabían esto, y apelando a su ansiedad, trataban de corregir las prácticas de Jesús de acuerdo con su propia norma.

María hablaba con frecuencia con Jesús, y le instaba a conformarse a las costumbres de los rabinos. Pero no podía persuadirle a cambiar sus hábitos de contemplar las obras de Dios y tratar de aliviar el sufrimiento de los hombres y aun de los animales. Cuando los sacerdotes y maestros pedían la ayuda de María para dominar a Jesús, ella se sentía muy afligida; pero su corazón se apaciguaba cuando él presentaba las declaraciones de la Escritura que sostenían sus prácticas.

A veces vacilaba entre Jesús y sus hermanos, que no creían que era el enviado de Dios; pero abundaban las evidencias de la divinidad de su carácter. Lo veía sacrificarse en beneficio de los demás. Su presencia introducía una atmósfera más pura en el hogar, y su vida obraba como levadura entre los elementos de la sociedad. Inocente e inmaculado, andaba entre los irreflexivos, los toscos y descorteses, entre los deshonestos publicanos, los temerarios pródigos, los injustos samaritanos, los soldados paganos, los rudos campesinos y la turba mixta. Pronunciaba una palabra de simpatía aquí y otra allí, al ver a los hombres cansados, y sin embargo obligados a llevar pesadas cargas. Compartía sus cargas, y les repetía las lecciones que había aprendido de la naturaleza acerca del amor, la bondad y la benignidad de Dios.

Enseñaba a todos a considerarse dotados de talentos preciosos, que, si los empleaban debidamente, les granjearían riquezas eternas. Arrancaba toda vanidad de la vida, y por su propio ejemplo enseñaba que todo momento del tiempo está cargado de resultados eternos; que ha de apreciarse como un tesoro, y emplearse con propósitos santos. No pasaba por alto a ningún ser humano como indigno, sino que procuraba aplicar a cada alma el remedio salvador. En cualquier compañía donde se encontrase, presentaba una lección apropiada al momento y las circunstancias. Procuraba inspirar esperanza a los más toscos y menos promisorios, presentándoles la seguridad de que podrían llegar a ser sin culpa e inocentes, y adquirir un carácter que los revelase como hijos de Dios. Con frecuencia se encontraba con aquellos que habían caído bajo el dominio de Satanás y no tenían fuerza para escapar de su lazo. A una persona tal, desalentada, enferma, tentada y caída, Jesús dirigía palabras de la más tierna compasión, palabras que eran necesarias y podían ser comprendidas. A otros encontraba que estaban luchando mano a mano con el adversario de las almas. Los estimulaba a perseverar, asegurándoles que vencerían; porque los ángeles de Dios estaban de su parte y les darían la victoria. Los que eran así ayudados se convencían de que era un ser en quien podían confiar plenamente. Él no traicionaría los secretos que volcaban en su oído lleno de simpatía.

Jesús sanaba el cuerpo tanto como el alma. Se interesaba en toda forma de sufrimiento que llegase a su conocimiento, y para todo doliente a quien aliviaba, sus palabras bondadosas eran como un bálsamo suavizador. Nadie podía decir que había realizado un milagro; pero una virtud —la fuerza sanadora del amor— emanaba de él hacia los enfermos y angustiados. Así, en una forma discreta, obraba por la gente desde su misma niñez. Esa fue la razón por la cual después que comenzó su ministerio público, tantos le escucharon gustosamente.

Sin embargo, durante su niñez, su juventud y su edad viril, Jesús anduvo solo. En su pureza y fidelidad, pisó solo el lagar, y ninguno del pueblo estuvo con él. Llevó el espantoso peso de la responsabilidad de salvar a los hombres. Sabía que a menos que hubiese un cambio definido en los principios y los propósitos de la familia humana, todos se perderían. Era esto lo que pesaba sobre su alma, y nadie podía apreciar esa carga que descansaba sobre él. Lleno de un propósito intenso, llevó a cabo el designio de su vida, de ser él mismo la luz de los hombres.

8

La Voz que Clamaba en el Desierto

Este capítulo está basado en S. Lucas 1:5-23; 57-80; 3:1-18; S. Mateo 3:1-12; S. Marcos 1:1-8.

DE ENTRE los fieles de Israel, que por largo tiempo habían esperado la venida del Mesías, surgió el precursor de Cristo. El anciano sacerdote Zacarías y su esposa Elizabet eran "justos delante de Dios;" y en su vida tranquila y santa, la luz de la fe resplandecía como una estrella en medio de las tinieblas de aquellos días malos. A esta piadosa pareja se le prometió un hijo, que iría "ante la faz del Señor, para aparejar sus caminos."

Zacarías habitaba en "la región montañosa de Judea," pero había subido a Jerusalén para servir en el templo durante una semana, según se requería dos veces al año de los sacerdotes de cada turno. "Y aconteció que ejerciendo Zacarías el sacerdocio delante de Dios por el orden de su vez, conforme a la costumbre del sacerdocio, salió en suerte a poner el incienso, entrando en el templo del Señor."

Estaba de pie delante del altar de oro en el lugar santo del santuario. La nube de incienso ascendía delante de Dios con las oraciones de Israel. De repente, sintió una presencia divina. Un ángel del Señor estaba "en pie a la derecha del altar." La posición del ángel era una indicación de favor, pero Zacarías no se fijó en esto. Durante muchos años, Zacarías había orado por la venida del Redentor; y ahora el cielo le había mandado su mensajero para anunciarle que sus oraciones iban a ser contestadas; pero la misericordia de Dios le parecía demasiado grande para creer en ella. Se sentía lleno de temor y condenación propia.

Pero fue saludado con la gozosa seguridad: "No temas, Zacarías; porque tu oración ha sido oída, y tu mujer Elizabet te dará a luz un hijo, y le pondrás por nombre Juan. Y tendrás gozo y alegría, y muchos se regocijarán en su nacimiento. [V.M.] Porque será grande delante de Dios, y no beberá vino ni sidra; y será lleno del Espíritu Santo.... Y a muchos de los hijos de Israel convertirá al Señor Dios de ellos. Porque él irá delante de él con el espíritu y virtud de Elías, para convertir los corazones de los padres a los hijos, y los rebeldes a la prudencia de los justos, para aparejar al Señor un pueblo apercibido. Y dijo Zacarías al ángel: ¿En qué conoceré esto? porque yo soy viejo, y mi mujer avanzada en días."

Zacarías sabía muy bien que Abrahán en su vejez había recibido un hijo porque había tenido por fiel a Aquel que había prometido. Pero por un momento, el anciano sacerdote recuerda la debilidad humana. Se olvida de que Dios puede cumplir lo que promete. ¡Qué contraste entre esta incredulidad y la dulce fe infantil de María, la virgen de Nazaret, cuya respuesta al asombroso anuncio del ángel fue: "He aquí la sierva del Señor; hágase a mí conforme a tu palabra"! (Luc. 1:38).

El nacimiento del hijo de Zacarías, como el del hijo de Abrahán y el de María, había de enseñar una gran verdad espiritual, una verdad que somos tardos en aprender y propensos a olvidar. Por nosotros mismos somos incapaces de hacer bien; pero lo que nosotros no podemos hacer será hecho por el poder de Dios en toda alma sumisa y creyente. Fue mediante la fe como fue dado el hijo de la promesa. Es por la fe como se engendra la vida espiritual, y somos capacitados para hacer las obras de justicia.

A la pregunta de Zacarías, el ángel respondió: "Yo soy Gabriel, que estoy delante de Dios; y soy enviado a hablarte, y a darte estas buenas nuevas." Quinientos años antes, Gabriel había dado a conocer a Daniel el período profético que había de extenderse hasta la venida de Cristo. El conocimiento de que el fin de este período se acercaba, había inducido a Zacarías a orar por el advenimiento del Mesías. Y he aquí que el mismo mensajero por quien fuera dada la profecía había venido a anunciar su cumplimiento.

Las palabras del ángel: "Yo soy Gabriel, que estoy delante de Dios," demuestran que ocupa un puesto de alto honor en los atrios celestiales. Cuando fue a Daniel con un mensaje, dijo: "Ninguno hay que se esfuerce conmigo en estas cosas, sino Miguel [Cristo] vuestro príncipe. (Dan. 10:21). El Salvador habla de Gabriel en el Apocalipsis diciendo que "la declaró, enviándola por su ángel a Juan su siervo." (Apoc. 1:1). Y a Juan, el ángel declaró: "Yo soy siervo contigo, y con tus hermanos los profetas." (Apoc. 22:9). ¡Admirable pensamiento, que el ángel que sigue en honor al Hijo de Dios es el escogido para revelar los propósitos de Dios a los hombres pecaminosos!

Zacarías había expresado duda acerca de las palabras del ángel. No había de volver a hablar hasta que se cumpliesen. "He aquí—dijo el ángel,—estarás mudo hasta el día que esto sea hecho, por cuanto no creíste a mis palabras, las cuales se cumplirán a su tiempo." El sacerdote debía orar en este culto por el perdón de los pecados públicos y nacionales, y por la venida del Mesías; pero cuando Zacarías intentó hacerlo, no pudo pronunciar una palabra.

Saliendo afuera para bendecir al pueblo, "les hablaba por señas, y quedó mudo." Le habían esperado mucho tiempo y empezaban a temer que le hubiese herido el juicio de Dios. Pero cuando salió del lugar santo, su rostro resplandecía con la gloria de Dios, "y entendieron que había visto visión en el templo." Zacarías les comunicó lo que había visto y oído; y "fue, que cumplidos los días de su oficio, se vino a su casa."

Poco después del nacimiento del niño prometido, la lengua del padre quedó desligada, "y habló bendiciendo a Dios. Y fue un temor sobre todos los vecinos de ellos; y en todas las montañas de Judea fueron divulgadas todas estas cosas. Y todos los que las oían, las conservaban en su corazón, diciendo: ¿Quién será este niño? "Todo esto tendía a llamar la atención a la venida del Mesías, para la cual Juan había de preparar el camino.

El Espíritu Santo descendió sobre Zacarías, y en estas hermosas palabras profetizó la misión de su hijo:

> "¡Y tú, niño, serás llamado profeta del Altísimo,
> pues irás ante la faz del Señor,
> para preparar sus caminos;
> dando conocimiento de salvación a su pueblo,
> en la remisión de sus pecados;
> a causa de las entrañas de misericordia de nuestro Dios,
> en las que nos visitará el Sol naciente, descendiendo
> de las alturas,
> para dar luz a los que están sentados en tinieblas y
> en sombra de muerte;
> para dirigir nuestros pies en el camino de la paz." [V.M.]

"Y el niño crecía, y se fortalecía en espíritu: y estuvo en los desiertos hasta el día que se mostró a Israel." Antes que naciera Juan, el ángel había dicho: "Será grande delante de Dios, y no beberá vino ni sidra; y será lleno del Espíritu Santo." Dios había llamado al hijo de Zacarías a una gran obra, la mayor que hubiera sido confiada alguna vez a los hombres. A fin de ejecutar esta obra, el Señor debía obrar con él. Y el Espíritu de Dios estaría con él si prestaba atención a las instrucciones del ángel.

Juan había de salir como mensajero de Jehová, para comunicar a los hombres la luz de Dios. Debía dar una nueva dirección a sus pensamientos. Debía hacerles sentir la santidad de los requerimientos de Dios, y su necesidad de la perfecta justicia divina. Un mensajero tal debía ser santo. Debía ser templo del Espíritu de Dios. A fin de cumplir su misión, debía tener una constitución física sana, y fuerza mental y espiritual. Por lo tanto, le sería necesario dominar sus apetitos y pasiones. Debía poder dominar todas sus facultades, para poder permanecer entre los hombres tan inconmovible frente a las circunstancias que le rodeasen como las rocas y montañas del desierto.

En el tiempo de Juan el Bautista, la codicia de las riquezas, y el amor al lujo y a la ostentación, se habían difundido extensamente. Los placeres sensuales, banquetes y borracheras estaban ocasionando enfermedades físicas y degeneración, embotando las percepciones espirituales y disminuyendo la sensibilidad al pecado. Juan debía destacarse como reformador. Por su vida abstemia y su ropaje sencillo, debía reprobar los excesos de su tiempo. Tal fue el motivo de las indicaciones dadas a los padres de Juan, una lección de temperancia dada por un ángel del trono celestial.

En la niñez y la juventud es cuando el carácter es más impresionable. Entonces es cuando debe adquirirse la facultad del dominio propio. En el hogar y la familia, se ejercen influencias cuyos resultados son tan duraderos como la eternidad. Más que cualquier dote natural, los hábitos formados en los primeros años deciden si un hombre vencerá o será vencido en la batalla de la vida. La juventud es el tiempo de la siembra. Determina el carácter de la cosecha, para esta vida y la venidera.

Como profeta, Juan había de "convertir los corazones de los padres a los hijos, y los rebeldes a la prudencia de los justos, para aparejar al Señor un pueblo apercibido." Al preparar el camino para la primera venida de Cristo, representaba a aquellos que han de preparar un pueblo para la segunda venida de nuestro Señor. El mundo está entregado a la sensualidad. Abundan los errores y las fábulas. Se han multiplicado las trampas de Satanás para destruir a las almas. Todos los que quieran alcanzar la santidad en el temor de Dios deben aprender las lecciones de temperancia y dominio propio. Las pasiones y los apetitos deben ser mantenidos sujetos a las facultades superiores de la mente. Esta disciplina propia es esencial para la fuerza mental y la percepción espiritual que nos han de habilitar para comprender y practicar las sagradas verdades de la Palabra de Dios. Por esta razón, la temperancia ocupa un lugar en la obra de prepararnos para la segunda venida de Cristo.

En el orden natural de las cosas, el hijo de Zacarías habría sido educado para el sacerdocio. Pero la educación de las escuelas rabínicas le habría arruinado para su obra. Dios no le envió a los maestros de teología para que aprendiese a interpretar las Escrituras. Le llamó al desierto, para que aprendiese de la naturaleza, y del Dios de la naturaleza.

Fue en una región solitaria donde halló hogar, en medio de las colinas áridas, de los desfiladeros salvajes y las cuevas rocosas. Pero él mismo quiso dejar a un lado los goces y lujos de la vida y prefirió la severa disciplina del desierto. Allí lo que le rodeaba era favorable a la adquisición de sencillez y abnegación. No siendo interrumpido por los clamores del mundo, podía estudiar las lecciones de la naturaleza, de la revelación y de la Providencia. Las palabras del ángel a Zacarías habían sido repetidas con frecuencia a Juan por sus padres temerosos de Dios. Desde la niñez, se le había recordado su misión, y él había aceptado el cometido sagrado. Para él la soledad del desierto era una manera bienvenida de escapar de la sociedad en la cual las sospechas, la incredulidad y la impureza lo compenetraban casi todo. Desconfiaba de su propia fuerza para resistir la tentación, y huía del constante contacto con el pecado, a fin de no perder el sentido de su excesiva pecaminosidad.

Dedicado a Dios como nazareno desde su nacimiento, hizo él mismo voto de consagrar su vida a Dios. Su ropa era la de los antiguos profetas: un manto de pelo de camello, ceñido a sus lomos por un cinturón de cuero. Comía "langostas y miel silvestre," que hallaba en el desierto; y bebía del agua pura de las colinas.

Pero Juan no pasaba la vida en ociosidad, ni en lobreguez ascética o aislamiento egoísta. De vez en cuando, salía a mezclarse con los hombres; y siempre observaba con interés lo que sucedía en el mundo. Desde su tranquilo retiro, vigilaba el desarrollo de los sucesos. Con visión iluminada por el Espíritu divino, estudiaba los caracteres humanos para poder saber cómo alcanzar los corazones con el mensaje del cielo. Sentía el peso de su misión. En la soledad, por la meditación y la oración, trataba de fortalecer su alma para la carrera que le esperaba.

Aun cuando residía en el desierto, no se veía libre de tentación. En cuanto le era posible, cerraba todas las avenidas por las cuales Satanás podría entrar; y sin embargo, era asaltado por el tentador. Pero sus percepciones espirituales eran claras; había desarrollado fuerza de carácter y decisión, y gracias a la ayuda del Espíritu Santo, podía reconocer los ataques de Satanás y resistir su poder.

Juan hallaba en el desierto su escuela y su santuario. Como Moisés entre las montañas de Madián, se veía cercado por la presencia de Dios, y por las evidencias de su poder. No le tocaba morar, como al gran jefe de Israel, entre la solemne majestad de las soledades montañosas; pero delante de él estaban las alturas de Moab al otro lado del Jordán, hablándole de Aquel que había asentado firmemente las montañas y las había rodeado de fortaleza. El aspecto lóbrego y terrible de la naturaleza del desierto donde moraba, representaba vívidamente la condición de Israel. La fructífera viña del Señor había llegado a ser un desierto desolado. Pero sobre el desierto, los cielos se inclinaban brillantes y hermosos. Las obscuras nubes formadas por la tempestad, estaban cruzadas por el arco iris de la promesa. Así también, por encima de la degradación de Israel resplandecía la prometida gloria del reinado del Mesías. Las nubes de ira estaban cruzadas por el arco iris de su pactada misericordia.

A solas, en la noche silenciosa, leía la promesa que Dios hiciera a Abrahán de una posteridad tan innumerable como las estrellas. La luz del alba, que doraba las montañas de Moab, le hablaba de Aquel que sería "como la luz de la mañana cuando sale el sol, de la mañana sin nubes." (2 Sam. 23:4). Y en el resplandor del mediodía veía el esplendor de la manifestación de Dios, cuando se revelará "la gloria de Jehová, y toda carne juntamente la verá." (Isa. 40:5).

Con espíritu alegre aunque asombrado, buscaba en los rollos proféticos las revelaciones de la venida del Mesías: la Simiente prometida que había de aplastar la cabeza de la serpiente; el Shiloh, "el pacificador," que había de aparecer antes que dejase de reinar un rey en el trono de David. Ahora había llegado el momento. Un gobernante romano se sentaba en el palacio del monte Sión. Según la segura palabra del Señor, el Cristo ya había nacido.

De día y de noche estudiaba las arrobadoras descripciones que hiciera Isaías de la gloria del Mesías, en las que lo llamaba el Retoño de la raíz de Isaí; un rey que reinaría con justicia, juzgando "con rectitud por los mansos de la tierra"; sería un "abrigo contra la tempestad, . . . la sombra de una peña grande en tierra de cansancio";

Israel no sería ya llamado "Desamparada," ni su tierra "Asolamiento," sino que sería llamado del Señor "mi deleite," (Original) y su tierra "Beúla." (Isa. 11:4; 32:2, V.M.; 62:4, V.M.) El corazón del solitario desterrado se henchía de la gloriosa visión.

Miraba al Rey en su hermosura, y se olvidaba de sí mismo. Contemplaba la majestad de la santidad, y se sentía deficiente e indigno. Estaba listo para salir como el mensajero del Cielo, sin temor de lo humano, porque había mirado lo divino. Podía estar en pie sin temor en presencia de los monarcas terrenales, porque se había postrado delante del Rey de reyes.

Juan no comprendía plenamente la naturaleza del reino del Mesías. Esperaba que Israel fuese librado de sus enemigos nacionales; pero el gran objeto de su esperanza era la venida de un Rey de justicia y el establecimiento de Israel como nación santa. Así creía que se cumpliría la profecía hecha en ocasión de su nacimiento:

> "Acordándose de su santo pacto; . . .
> que sin temor librados de nuestros enemigos,
> le serviríamos en santidad y en justicia delante
> de él, todos los días nuestros."

Veía que los hijos de su pueblo estaban engañados, satisfechos y dormidos en sus pecados. Anhelaba incitarlos a vivir más santamente. El mensaje que Dios le había dado para que lo proclamase estaba destinado a despertarlos de su letargo y a hacerlos temblar por su gran maldad. Antes que pudiese alojarse la semilla del Evangelio, el suelo del corazón debía ser quebrantado. Antes de que tratasen de obtener sanidad de Jesús, debían ser despertados para ver el peligro que les hacían correr las heridas del pecado.

Dios no envía mensajeros para que adulen al pecador. No da mensajes de paz para arrullar en una seguridad fatal a los que no están santificados. Impone pesadas cargas a la conciencia del que hace mal, y atraviesa el alma con flechas de convicción. Los ángeles ministradores le presentan los temibles juicios de Dios para ahondar el sentido de su necesidad, e impulsarle a clamar: "¿Qué debo hacer para ser salvo?" Entonces la mano que humilló en el polvo, levanta al penitente. La voz que reprendió el pecado, y avergonzó el orgullo y la ambición, pregunta con la más tierna simpatía: "¿Qué quieres que te haga?"

Cuando comenzó el ministerio de Juan, la nación estaba en

una condición de excitación y descontento rayana en la revolución. Al desaparecer Arquelao, Judea había caído directamente bajo el dominio de Roma. La tiranía y la extorsión de los gobernantes romanos, y sus resueltos esfuerzos para introducir las costumbres y los símbolos paganos, encendieron la rebelión, que fue apagada en la sangre de miles de los más valientes de Israel. Todo esto intensificó el odio nacional contra Roma y aumentó el anhelo de ser libertados de su poder.

En medio de las discordias y las luchas, se oyó una voz procedente del desierto, una voz sorprendente y austera, aunque llena de esperanza: "Arrepentíos, que el reino de los cielos se ha acercado." Con un poder nuevo y extraño, conmovía a la gente. Los profetas habían predicho la venida de Cristo como un acontecimiento del futuro lejano; pero he aquí que se oía un anuncio de que se acercaba. El aspecto singular de Juan hacía recordar a sus oyentes los antiguos videntes. En sus modales e indumentaria, se asemejaba al profeta Elías. Con el espíritu y poder de Elías, denunciaba la corrupción nacional y reprendía los pecados prevalecientes. Sus palabras eran claras, directas y convincentes. Muchos creían que era uno de los profetas que había resucitado de los muertos. Toda la nación se conmovió. Muchedumbres acudieron al desierto.

Juan proclamaba la venida del Mesías, e invitaba al pueblo a arrepentirse. Como símbolo de la purificación del pecado, bautizaba en las aguas del Jordán. Así, mediante una lección objetiva muy significativa, declaraba que todos los que querían formar parte del pueblo elegido de Dios estaban contaminados por el pecado y que sin la purificación del corazón y de la vida, no podrían tener parte en el reino del Mesías.

Príncipes y rabinos, soldados, publicanos y campesinos acudían a oír al profeta. Por un tiempo, la solemne amonestación de Dios los alarmó. Muchos fueron inducidos a arrepentirse, y recibieron el bautismo. Personas de todas las clases sociales se sometieron al requerimiento del Bautista, a fin de participar del reino que anunciaba.

Muchos de los escribas y fariseos vinieron confesando sus pecados y pidiendo el bautismo. Se habían ensalzado como mejores que los otros hombres, y habían inducido a la gente a tener una alta opinión de su piedad; ahora se desenmascaraban los culpables secretos de su vida. Pero el Espíritu Santo hizo comprender a Juan que muchos de estos hombres no tenían verdadera convicción del pecado. Eran

La Voz que Clamaba en el Desierto   59

oportunistas. Como amigos del profeta, esperaban hallar favor ante el Príncipe venidero. Y pensaban fortalecer su influencia sobre el pueblo al recibir el bautismo de manos de este joven maestro popular.

Juan les hizo frente con la abrumadora pregunta: "¿Oh generación de víboras, quién os enseñó a huir de la ira que vendrá? Haced, pues, frutos dignos de arrepentimiento, y no comencéis a decir en vosotros mismos: Tenemos a Abraham por padre: porque os digo que puede Dios, aun de estas piedras, levantar hijos a Abrahán."

Los judíos habían interpretado erróneamente la promesa de Dios de favorecer eternamente a Israel: "Así ha dicho Jehová, que da el sol para la luz del día, las leyes de la luna y de las estrellas para la luz de la noche; que parte la mar y braman sus ondas; Jehová de los ejércitos es su Nombre. Si estas leyes faltaren delante de mí, dice Jehová, también la simiente de Israel faltará para no ser nación delante de mí todos los días. Así ha dicho Jehová: Si los cielos arriba se pueden medir, y buscarse abajo los fundamentos de la tierra, también yo desecharé toda la simiente de Israel por todo lo que hicieron, dice Jehová." (Jer. 31:35-37). Los judíos consideraban que su descendencia natural de Abrahán les daba derecho a esta promesa. Pero pasaban por alto las condiciones que Dios había especificado. Antes de hacer la promesa, había dicho: "Daré mi ley en sus entrañas, y escribiréla en sus corazones; y seré yo a ellos por Dios, y ellos me serán por pueblo. . . . Porque perdonaré la maldad de ellos, y no me acordaré más de su pecado." (Jer. 31:33, 34).

El favor de Dios se asegura a aquellos en cuyo corazón está escrita su ley. Son uno con él. Pero los judíos se habían separado de Dios. A causa de sus pecados, estaban sufriendo bajo sus juicios. Esta era la causa de su servidumbre a una nación pagana. Los intelectos estaban obscurecidos por la transgresión, y porque en tiempos pasados el Señor les había mostrado tan grande favor, disculpaban sus pecados. Se lisonjeaban de que eran mejores que otros hombres, con derecho a sus bendiciones.

Estas cosas "son escritas para nuestra admonición, en quienes los fines de los siglos han parado.' (1 Cor. 10:11). ¡Con cuánta frecuencia interpretamos erróneamente las bendiciones de Dios, y nos lisonjeamos de que somos favorecidos a causa de alguna bondad nuestra! Dios no puede hacer en favor nuestro lo que anhela hacer. Sus dones son empleados para aumentar nuestra satisfacción propia, y para endurecer nuestro corazón en la incredulidad y el pecado.

Juan declaró a los maestros de Israel que su orgullo, egoísmo y crueldad demostraban que eran una generación de víboras, una maldición mortal para el pueblo, más bien que los hijos del justo y obediente Abrahán. En vista de la luz que habían recibido de Dios, eran peores que los paganos, a los cuales se creían tan superiores. Habían olvidado la roca de la cual habían sido cortados, y el hoyo del cual habían sido arrancados. Dios no dependía de ellos para cumplir su propósito. Como había llamado a Abrahán de un pueblo pagano, podría llamar a otros a su servicio. Sus corazones podían aparentar ahora estar tan muertos como las piedras del desierto, pero su Espíritu podía vivificarlos para hacer su voluntad, y recibir el cumplimiento de su promesa.

"Y ya también—decía el profeta,—el hacha está puesta a la raíz de los árboles: todo árbol pues que no hace buen fruto, es cortado, y echado en el fuego." No por su nombre, sino por sus frutos, se determina el valor de un árbol. Si el fruto no tiene valor, el nombre no puede salvar al árbol de la destrucción. Juan declaró a los judíos que su situación delante de Dios había de ser decidida por su carácter y su vida. La profesión era inútil. Si su vida y su carácter no estaban en armonía con la ley de Dios, no eran su pueblo.

Bajo sus escrutadoras palabras, sus oyentes quedaron convencidos. Vinieron a él preguntando: "¿Pues qué haremos?" Él contestó: "El que tiene dos túnicas, dé al que no tiene; y el que tiene qué comer, haga lo mismo." Puso a los publicanos en guardia contra la injusticia, y a los soldados contra la violencia.

Todos los que se hacían súbditos del reino de Cristo, decía él, debían dar evidencia de fe y arrepentimiento. En su vida, debía notarse la bondad, la honradez y la fidelidad. Debían atender a los menesterosos, y presentar sus ofrendas a Dios. Debían proteger a los indefensos y dar un ejemplo de virtud y compasión. Así también los seguidores de Cristo darán evidencia del poder transformador del Espíritu Santo. En su vida diaria, se notará la justicia, la misericordia y el amor de Dios. De lo contrario, son como el tamo que se arroja al fuego.

"Yo a la verdad os bautizo en agua para arrepentimiento—dijo Juan;—mas el que viene tras mí, más poderoso es que yo; los zapatos del cual yo no soy digno de llevar; él os bautizará en Espíritu Santo y en fuego." El profeta Isaías había declarado que el Señor limpiaría a su pueblo de sus iniquidades "con espíritu de juicio y con espíritu de ardimiento." La palabra del Señor a Israel era: "Volveré mi mano sobre ti, y limpiaré hasta lo más puro tus escorias.' (Isa. 4:4; 1:25)

La Voz que Clamaba en el Desierto

Para el pecado, dondequiera que se encuentre, "nuestro Dios es fuego consumidor." (Heb. 12:29). En todos los que se sometan a su poder, el Espíritu de Dios consumirá el pecado. Pero si los hombres se aferran al pecado, llegan a identificarse con él. Entonces la gloria de Dios, que destruye el pecado, debe destruirlos a ellos también. Jacob, después de su noche de lucha con el ángel, exclamó: "Vi a Dios cara a cara, y fue librada mi alma." (Gén. 32:30). Jacob había sido culpable de un gran pecado en su conducta hacia Esaú; pero se había arrepentido. Su transgresión había sido perdonada, y purificado su pecado; por lo tanto, podía soportar la revelación de la presencia de Dios. Pero siempre que los hombres se presentaron a Dios mientras albergaban voluntariamente el mal, fueron destruidos. En el segundo advenimiento de Cristo, los impíos serán consumidos "con el espíritu de su boca," y destruidos "con el resplandor de su venida." (2 Tes. 2:8). La luz de la gloria de Dios, que imparte vida a los justos, matará a los impíos.

En el tiempo de Juan el Bautista, Cristo estaba por presentarse como revelador del carácter de Dios. Su misma presencia haría manifiestos a los hombres sus pecados. Únicamente en la medida en que estuviesen dispuestos a ser purificados de sus pecados, podrían ellos entrar en comunión con él. Únicamente los limpios de corazón podrían morar en su presencia.

Así declaraba Juan el Bautista el mensaje de Dios a Israel. Muchos prestaban oído a sus instrucciones. Muchos lo sacrificaban todo a fin de obedecer. Multitudes seguían de lugar en lugar a ese nuevo maestro, y no pocos abrigaban la esperanza de que fuese el Mesías. Pero al ver Juan que el pueblo se volvía hacia él, buscaba toda oportunidad de dirigir su fe a Aquel que había de venir.

9
El Bautismo

Este capítulo está basado en S. Mateo 3:13-17;
S. Marcos 1:9-11; S. Lucas 3:21, 22.

LAS noticias referentes al profeta del desierto y su maravillosa predicación, cundieron por toda Galilea. El mensaje alcanzó a los campesinos de las aldeas montañesas más remotas, y a los pescadores que vivían a orillas del mar; y en sus corazones sencillos y fervientes halló la más sincera respuesta. En Nazaret repercutió en la carpintería que había sido de José, y uno reconoció el llamamiento. Había llegado su tiempo. Dejando su trabajo diario, se despidió de su madre, y siguió en las huellas de sus compatriotas que acudían al Jordán.

Jesús y Juan el Bautista eran primos, estrechamente relacionados por las circunstancias de su nacimiento; sin embargo no habían tenido relación directa. La vida de Jesús había transcurrido en Nazaret de Galilea; la de Juan en el desierto de Judea. En un ambiente muy diferente, habían vivido recluidos, sin comunicarse el uno con el otro. La providencia lo había ordenado así. No debía haber ocasión alguna de acusarlos de haber conspirado juntos para sostener mutuamente sus pretensiones.

Juan conocía los acontecimientos que habían señalado el nacimiento de Jesús. Había oído hablar de la visita a Jerusalén en su infancia, y de lo que había sucedido en la escuela de los rabinos. Conocía la vida sin pecado de Jesús; y creía que era el Mesías, aunque sin tener seguridad positiva de ello. El hecho de que Jesús había quedado durante tantos años en la obscuridad, sin dar ninguna evidencia especial de su misión, daba ocasión a dudar de que fuese el Ser prometido. Sin embargo, el Bautista esperaba con fe, sabiendo que al tiempo señalado por Dios todo quedaría aclarado. Se le había revelado que el Mesías vendría a pedirle el Bautismo, y entonces se daría una señal de su carácter divino. Así podría presentarlo al pueblo.

Cuando Jesús vino para ser bautizado, Juan reconoció en él una pureza de carácter que nunca había percibido en nadie. La

El Bautismo

misma atmósfera de su presencia era santa e inspiraba reverencia. Entre las multitudes que le habían rodeado en el Jordán, Juan había oído sombríos relatos de crímenes, y conocido almas agobiadas por miríadas de pecados; nunca había estado en contacto con un ser humano que irradiase una influencia tan divina. Todo esto concordaba con lo que le había sido revelado acerca del Mesías. Sin embargo, vacilaba en hacer lo que le pedía Jesús. ¿Cómo podía él, pecador, bautizar al que era sin pecado? ¿Y por qué había de someterse el que no necesitaba arrepentimiento a un rito que era una confesión de culpabilidad que debía ser lavada?

Cuando Jesús pidió el bautismo, Juan quiso negárselo, exclamando: "Yo he menester ser bautizado de ti, ¿y tú vienes a mí?" Con firme aunque suave autoridad, Jesús contestó: "Deja ahora; porque así nos conviene cumplir toda justicia." Y Juan, cediendo, condujo al Salvador al agua del Jordán y le sepultó en ella. "Y Jesús, después que fue bautizado, subió luego del agua; y he aquí los cielos le fueron abiertos, y vio al Espíritu de Dios que descendía como paloma, y venía sobre él."

Jesús no recibió el bautismo como confesión de culpabilidad propia. Se identificó con los pecadores, dando los pasos que debemos dar, y haciendo la obra que debemos hacer. Su vida de sufrimiento y paciente tolerancia después de su bautismo, fue también un ejemplo para nosotros.

Después de salir del agua, Jesús se arrodilló en oración a orillas del río. Se estaba abriendo ante él una era nueva e importante. De una manera más amplia, estaba entrando en el conflicto de su vida. Aunque era el Príncipe de Paz, su venida iba a ser como el acto de desenvainar una espada. El reino que había venido a establecer, era lo opuesto de lo que los judíos deseaban. El que era el fundamento del ritual y de la economía de Israel iba a ser considerado como su enemigo y destructor. El que había proclamado la ley en el Sinaí iba a ser condenado como transgresor. El que había venido para quebrantar el poder de Satanás sería denunciado como Belcebú. Nadie en la tierra le había comprendido, y durante su ministerio debía continuar andando solo. Durante toda su vida, su madre y sus hermanos no comprendieron su misión. Ni aun sus discípulos le comprendieron. Había morado en la luz eterna, siendo uno con Dios, pero debía pasar en la soledad su vida terrenal.

Como uno de nosotros, debía llevar la carga de nuestra culpabilidad y desgracia. El Ser sin pecado debía sentir la vergüenza del pecado. El amante de la paz debía habitar con la disensión, la verdad debía morar con la mentira, la pureza con la vileza. Todo el pecado, la discordia y la contaminadora concupiscencia de la transgresión torturaban su espíritu.

Debía hollar la senda y llevar la carga solo. Sobre Aquel que había depuesto su gloria y aceptado la debilidad de la humanidad, debía descansar la redención del mundo. Él lo veía y sentía todo, pero su propósito permanecía firme. De su brazo dependía la salvación de la especie caída, y extendió su mano para asir la mano del Amor omnipotente.

La mirada del Salvador parece penetrar el cielo mientras vuelca los anhelos de su alma en oración. Bien sabe él cómo el pecado endureció los corazones de los hombres, y cuán difícil les será discernir su misión y aceptar el don de la salvación. Intercede ante el Padre a fin de obtener poder para vencer su incredulidad, para romper las ligaduras con que Satanás los encadenó, y para vencer en su favor al destructor. Pide el testimonio de que Dios acepta la humanidad en la persona de su Hijo.

Nunca antes habían escuchado los ángeles semejante oración. Ellos anhelaban llevar a su amado Comandante un mensaje de seguridad y consuelo. Pero no; el Padre mismo contestará la petición de su Hijo. Salen directamente del trono los rayos de su gloria. Los cielos se abren, y sobre la cabeza del Salvador desciende una forma de paloma de la luz más pura, emblema adecuado del Manso y Humilde.

Entre la vasta muchedumbre que estaba congregada a orillas del Jordán, pocos, además de Juan, discernieron la visión celestial. Sin embargo, la solemnidad de la presencia divina embargó la asamblea. El pueblo se quedó mirando silenciosamente a Cristo. Su persona estaba bañada de la luz que rodea siempre el trono de Dios. Su rostro dirigido hacia arriba estaba glorificado como nunca antes habían visto ningún rostro humano. De los cielos abiertos, se oyó una voz que decía: "Este es mi Hijo amado, en el cual tengo contentamiento."

Estas palabras de confirmación fueron dadas para inspirar fe a aquellos que presenciaban la escena, y fortalecer al Salvador para su misión. A pesar de que los pecados de un mundo culpable pesaban sobre Cristo, a pesar de la humillación que implicaba el tomar sobre sí nuestra naturaleza caída, la voz del cielo lo declaró Hijo del Eterno.

Juan había quedado profundamente conmovido al ver a Jesús postrarse como suplicante para pedir con lágrimas la aprobación del Padre. Al rodearle la gloria de Dios y oírse la voz del cielo,

El Bautismo

Juan reconoció la señal que Dios le había prometido. Sabía que era al Redentor del mundo a quien había bautizado. El Espíritu Santo descendió sobre él, y extendiendo la mano, señaló a Jesús y exclamó: "He aquí el Cordero de Dios, que quita el pecado del mundo."

Nadie de entre los oyentes, ni aun el que las pronunció, discernió el verdadero significado de estas palabras, "el Cordero de Dios." Sobre el monte Moria, Abrahán había oído la pregunta de su hijo: "Padre mío.... ¿Dónde está el cordero para el holocausto?" El padre contestó "Dios se proveerá de cordero para el holocausto, hijo mío." (Gén. 22:7, 8). Y en el carnero divinamente provisto en lugar de Isaac, Abrahán vio un símbolo de Aquel que había de morir por los pecados de los hombres. El Espíritu Santo, mediante Isaías, repitiendo la ilustración, profetizó del Salvador: "Como cordero fue llevado al matadero," "Jehová cargó en él el pecado de todos nosotros;" (Isa. 53:7, 6) pero los hijos de Israel no habían comprendido la lección. Muchos de ellos consideraban los sacrificios de una manera muy semejante a la forma en que miraban sus sacrificios los paganos, como dones por cuyo medio podían propiciar a la Divinidad. Dios deseaba enseñarles que el don que los reconcilia con él proviene de su amor.

Y las palabras dichas a Jesús a orillas del Jordán: "Este es mi Hijo amado, en el cual tengo contentamiento," abarcan a toda la humanidad. Dios habló a Jesús como a nuestro representante. No obstante todos nuestros pecados y debilidades, no somos desechados como inútiles. Él "nos hizo aceptos en el Amado." (Efe. 1:6). La gloria que descansó sobre Jesús es una prenda del amor de Dios hacia nosotros. Nos habla del poder de la oración, de cómo la voz humana puede llegar al oído de Dios, y ser aceptadas nuestras peticiones en los atrios celestiales. Por el pecado, la tierra quedó separada del cielo y enajenada de su comunión; pero Jesús la ha relacionado otra vez con la esfera de gloria. Su amor rodeó al hombre, y alcanzó el cielo más elevado. La luz que cayó por los portales abiertos sobre la cabeza de nuestro Salvador, caerá sobre nosotros mientras oremos para pedir ayuda con que resistir a la tentación. La voz que habló a Jesús dice a toda alma creyente: "Este es mi Hijo amado, en el cual tengo contentamiento."

"Amados, ahora somos hijos de Dios, y aun no se ha manifestado lo que hemos de ser; pero sabemos que cuando él apareciere, seremos semejantes a él, porque le veremos como él es." (1 Juan 3:2). Nuestro Redentor ha abierto el camino, de manera que el más pecaminoso, el más menesteroso, el más oprimido y despreciado, puede hallar acceso al Padre. Todos pueden tener un hogar en las mansiones que Jesús ha ido a preparar. "Estas cosas dice el Santo, el Verdadero, el que tiene la llave de David, el que abre y ninguno cierra, y cierra y ninguno abre: . . . he aquí, he dado una puerta abierta delante de ti, la cual ninguno puede cerrar." (Apoc. 3:7, 8).

10

La Tentación

Este capítulo está basado en S. Mateo 4:1-11; S. Marcos 1:12, 13; S. Lucas 4:1-13.

"Y JESÚS, lleno del Espíritu Santo, volvió del Jordán, y fue llevado por el Espíritu al desierto." Las palabras de Marcos son aun más significativas. Él dice: "Y luego el Espíritu le impele al desierto. Y estuvo allí en el desierto cuarenta días, y era tentado de Satanás; y estaba con las fieras." "Y no comió cosa en aquellos días."

Cuando Jesús fue llevado al desierto para ser tentado, fue llevado por el Espíritu de Dios. Él no invitó a la tentación. Fue al desierto para estar solo, para contemplar su misión y su obra. Por el ayuno y la oración, debía fortalecerse para andar en la senda manchada de sangre que iba a recorrer. Pero Satanás sabía que el Salvador había ido al desierto, y pensó que ésa era la mejor ocasión para atacarle.

Grandes eran para el mundo los resultados que estaban en juego en el conflicto entre el Príncipe de la Luz y el caudillo del reino de las tinieblas. Después de inducir al hombre a pecar, Satanás reclamó la tierra como suya, y se llamó príncipe de este mundo. Habiendo hecho conformar a su propia naturaleza al padre y a la madre de nuestra especie, pensó establecer aquí su imperio. Declaró que el hombre le había elegido como soberano suyo. Mediante su dominio de los hombres, dominaba el mundo. Cristo había venido para desmentir la pretensión de Satanás. Como Hijo del hombre, Cristo iba a permanecer leal a Dios. Así se demostraría que Satanás no había obtenido completo dominio de la especie humana, y que su pretensión al reino del mundo era falsa. Todos los que deseasen liberación de su poder, podrían ser librados. El dominio que Adán había perdido por causa del pecado, sería recuperado.

Desde el anuncio hecho a la serpiente en el Edén: "Y enemistad pondré entre ti y la mujer, y entre tu simiente y la simiente suya,' (Gén. 3:15). Satanás sabía que no ejercía dominio absoluto sobre el mundo. Veía en los hombres la obra de un poder que resistía a su autoridad. Con intenso interés, consideró los sacrificios ofrecidos por Adán y sus hijos. En esta ceremonia discernía el símbolo de la comunión entre la tierra y el cielo. Se dedicó a interceptar esta comunión. Representó falsamente a Dios, así como los ritos que señalaban al Salvador. Los hombres fueron inducidos a temer a Dios como a un ser que se deleitaba en la destrucción. Los sacrificios que debían revelar su amor, eran ofrecidos únicamente para apaciguar su ira. Satanás excitaba las malas pasiones de los hombres a fin de asegurar su dominio sobre ellos. Cuando fue dada la palabra escrita de Dios, Satanás estudió las profecías del advenimiento del Salvador. De generación en generación, trabajó para cegar a la gente acerca de esas profecías, a fin de que rechazase a Cristo en ocasión de su venida.

Al nacer Jesús, Satanás supo que había venido un Ser comisionado divinamente para disputarle su dominio. Tembló al oír el mensaje del ángel que atestiguaba la autoridad del Rey recién nacido. Satanás conocía muy bien la posición que Cristo había ocupado en el cielo como amado del Padre. El hecho de que el Hijo de Dios viniese a esta tierra como hombre le llenaba de asombro y aprensión. No podía sondear el misterio de este gran sacrificio. Su alma egoísta no podía comprender tal amor por la familia engañada. La gloria y la paz del cielo y el gozo de la comunión con Dios, eran débilmente comprendidos por los hombres; pero eran bien conocidos para Lucifer, el querubín cubridor. Puesto que había perdido el cielo, estaba resuelto a vengarse haciendo participar a otros de su caída. Esto lo lograría induciéndolos a menospreciar las cosas celestiales, y poner sus afectos en las terrenales.

No sin obstáculos iba el Generalísimo del cielo a ganar las almas de los hombres para su reino. Desde su infancia en Belén, fue continuamente asaltado por el maligno. La imagen de Dios se manifestaba en Cristo, y en los concilios de Satanás se había resuelto vencerle. Ningún ser humano había venido al mundo y escapado al poder del engañador. Las fuerzas de la confederación del mal asediaban su senda para entablar guerra con él, y, si era posible, prevalecer contra él.

En ocasión del bautismo del Salvador, Satanás se hallaba entre los testigos. Vio la gloria del Padre que descansaba sobre su Hijo. Oyó la voz de Jehová atestiguar la divinidad de Jesús. Desde el pecado de Adán, la especie humana había estado privada de la comunión directa con Dios; el trato entre el cielo y la tierra se había realizado por medio de Cristo; pero ahora que Jesús había venido "en semejanza de carne de pecado," (Rom. 8:3) el Padre mismo habló. Antes se había comunicado con la humanidad por medio de Cristo; ahora se comunicaba con la humanidad en Cristo. Satanás había esperado que el aborrecimiento que Dios siente hacia el mal produjera una eterna separación entre el cielo y la tierra. Pero ahora era evidente que la relación entre Dios y el hombre había sido restaurada.

Satanás vio que debía vencer o ser vencido. Los resultados del conflicto significaban demasiado para ser confiados a sus ángeles confederados. Debía dirigir personalmente la guerra. Todas las energías de la apostasía se unieron contra el Hijo de Dios. Cristo fue hecho el blanco de toda arma del infierno.

Muchos consideran este conflicto entre Cristo y Satanás como si no tuviese importancia para su propia vida; y para ellos tiene poco interés. Pero esta controversia se repite en el dominio de todo corazón humano. Nunca sale uno de las filas del mal para entrar en el servicio de Dios, sin arrostrar los asaltos de Satanás. Las seducciones que Cristo resistió son las mismas que nosotros encontramos tan difíciles de resistir. Le fueron infligidas en un grado tanto mayor cuanto más elevado es su carácter que el nuestro. Llevando sobre sí el terrible peso de los pecados del mundo, Cristo resistió la prueba del apetito, del amor al mundo, y del amor a la ostentación que conduce a la presunción. Estas fueron las tentaciones que vencieron a Adán y Eva, y que tan fácilmente nos vencen a nosotros.

Satanás había señalado el pecado de Adán como prueba de que la ley de Dios era injusta, y que no podía ser acatada. En nuestra humanidad, Cristo había de resarcir el fracaso de Adán. Pero cuando Adán fue asaltado por el tentador, no pesaba sobre él ninguno de los efectos del pecado. Gozaba de una plenitud de fuerza y virilidad, así como del perfecto vigor de la mente y el cuerpo. Estaba rodeado por las glorias del Edén, y se hallaba en comunión diaria con los seres celestiales. No sucedía lo mismo con Jesús cuando entró en el desierto para luchar con Satanás. Durante cuatro mil años, la familia humana había estado perdiendo fuerza física y mental, así como valor moral; y Cristo tomó sobre sí las flaquezas de la humanidad degenerada. Únicamente así podía rescatar al hombre de las profundidades de su degradación.

Muchos sostienen que era imposible para Cristo ser vencido por la tentación. En tal caso, no podría haberse hallado en la posición de Adán; no podría haber obtenido la victoria que Adán dejó de ganar. Si en algún sentido tuviésemos que soportar nosotros un conflicto más duro que el que Cristo tuvo que soportar, él no podría socorrernos.

Pero nuestro Salvador tomó la humanidad con todo su pasivo. Se vistió de la naturaleza humana, con la posibilidad de ceder a la tentación. No tenemos que soportar nada que él no haya soportado.

Para Cristo, como para la santa pareja del Edén, el apetito fue la base de la primera gran tentación. Precisamente donde empezó la ruina, debe empezar la obra de nuestra redención. Así como por haber complacido el apetito Adán cayó, por sobreponerse al apetito Cristo debía vencer. "Y habiendo ayunado cuarenta días y cuarenta noches, después tuvo hambre. Y llegándose a él el tentador, dijo: Si eres Hijo de Dios, di que estas piedras se hagan pan. Mas él respondiendo, dijo: Escrito está: No con sólo el pan vivirá el hombre, mas con toda palabra que sale de la boca de Dios."

Desde el tiempo de Adán hasta el de Cristo, la complacencia de los deseos propios había aumentado el poder de los apetitos y pasiones, hasta que tenían un dominio casi ilimitado. Así los hombres se habían degradado y degenerado, y por sí mismos no podían vencer. Cristo venció en favor del hombre, soportando la prueba más severa. Por nuestra causa, ejerció un dominio propio más fuerte que el hambre o la misma muerte. Y esta primera victoria entrañaba otros resultados, de los cuales participan todos nuestros conflictos con las potestades de las tinieblas.

Cuando Jesús entró en el desierto, fue rodeado por la gloria del Padre. Absorto en la comunión con Dios, se sintió elevado por encima de las debilidades humanas. Pero la gloria se apartó de él, y quedó solo para luchar con la tentación. Esta le apremiaba en todo momento. Su naturaleza humana rehuía el conflicto que le aguardaba. Durante cuarenta días ayunó y oró. Débil y demacrado por el hambre, macilento y agotado por la agonía mental, "desfigurado era su aspecto más que el de cualquier hombre, y su forma más que la de los hijos de Adán." (Isa. 52:14 V.M.) Entonces vio Satanás su oportunidad. Pensó que podía vencer a Cristo.

Como en contestación a las oraciones del Salvador, se le presentó un ser que parecía un ángel del cielo. Aseveró haber sido comisionado por Dios para declarar que el ayuno de Cristo había terminado. Así como Dios había enviado un ángel para detener la mano de Abrahán a fin de que no sacrificase a Isaac, así también, satisfecho con la buena disposición de Cristo para entrar por la senda manchada de sangre, el Padre había enviado un ángel para librarlo. Tal era el mensaje traído a Jesús. El Salvador se hallaba debilitado por el hambre, y deseaba con vehemencia alimentos cuando Satanás se le apareció repentinamente.

La Tentación

Señalando las piedras que estaban esparcidas por el desierto, y que tenían la apariencia de panes, el tentador dijo: "Si eres Hijo de Dios, di que estas piedras se hagan pan."

Aunque se presentó como ángel de luz delataban su carácter estas primeras palabras: "Si eres Hijo de Dios." En ellas se insinuaba la desconfianza. Si Jesús hubiese hecho lo que Satanás sugería, habría aceptado la duda. El tentador se proponía derrotar a Cristo de la misma manera en que había tenido tanto éxito con la especie humana en el principio. ¡Cuán arteramente se había acercado Satanás a Eva en el Edén! "¿Conque Dios os ha dicho: No comáis de todo árbol del huerto?" (Gén. 3:1). Hasta ahí las palabras del tentador eran verdad; pero en su manera de expresarlas, se disfrazaba el desprecio por las palabras de Dios. Había una negativa encubierta, una duda de la veracidad divina. Satanás trató de insinuar a Eva el pensamiento de que Dios no haría lo que había dicho, que el privarlos de una fruta tan hermosa contradecía su amor y compasión por el hombre. Así también el tentador trató de inspirar a Cristo sus propios sentimientos: "Si eres el Hijo de Dios." Las palabras repercuten con amargura en su mente. En el tono de su voz hay una expresión de completa incredulidad. ¿Habría de tratar Dios así a su propio Hijo? ¿Lo dejaría en el desierto con las fieras, sin alimento, sin compañía, sin consuelo? Le insinúa que Dios nunca quiso que su Hijo estuviese en tal estado. "Si eres el Hijo de Dios," muéstrame tu poder aliviándote a ti mismo de esta hambre apremiante. Ordena que estas piedras sean transformadas en pan.

Las palabras del Cielo: "Este es mi Hijo amado, en el cual tengo contentamiento," (Mat. 3:17) resonaban todavía en los oídos de Satanás. Pero estaba resuelto a hacer dudar a Cristo de este testimonio. La palabra de Dios era para Cristo la garantía de su misión divina. Él había venido para vivir como hombre entre los hombres, y esta palabra declaraba su relación con el cielo. Era el propósito de Satanás hacerle dudar de esa palabra. Si la confianza de Cristo en Dios podía ser quebrantada, Satanás sabía que obtendría la victoria en todo el conflicto. Vencería a Jesús. Esperaba que bajo el imperio de la desesperación y el hambre extrema, Cristo perdería la fe en su Padre, y obraría un milagro en su propio favor. Si lo hubiera hecho habría malogrado el plan de salvación.

Cuando Satanás y el Hijo de Dios se encontraron por primera vez en conflicto, Cristo era el generalísimo de las huestes celestiales; y Satanás, el caudillo de la rebelión del cielo, fue echado fuera. Ahora su condición está aparentemente invertida, y Satanás se aprovecha de su supuesta ventaja. Uno de los ángeles más poderosos, dijo, ha sido desterrado del cielo. El aspecto de Jesús indica que él es aquel ángel caído, abandonado de Dios y de los hombres. Un ser divino podría sostener su pretensión realizando un milagro: "Si eres Hijo de Dios, di que estas piedras se hagan pan." Un acto tal de poder creador, insistía el tentador, sería evidencia concluyente de su divinidad. Pondría término a la controversia.

No sin lucha pudo Jesús escuchar en silencio al supremo engañador. Pero el Hijo de Dios no había de probar su divinidad a Satanás, ni explicar la razón de su humillación. Accediendo a las exigencias del rebelde, no podía ganar nada para beneficio del hombre ni la gloria de Dios. Si Cristo hubiese obrado de acuerdo con la sugestión del enemigo, Satanás habría dicho aún: "Muéstrame una señal para que crea que eres el Hijo de Dios." La evidencia habría sido inútil para quebrantar el poder de la rebelión en su corazón. Y Cristo no había de ejercer el poder divino para su propio beneficio. Había venido para soportar la prueba como debemos soportarla nosotros, dejándonos un ejemplo de fe y sumisión. Ni en esta ocasión, ni en ninguna otra ulterior en su vida terrenal, realizó él un milagro en favor suyo. Sus obras admirables fueron todas hechas para beneficio de otros. Aunque Jesús reconoció a Satanás desde el principio, no se sintió provocado a entrar en controversia con él. Fortalecido por el recuerdo de la voz del cielo, se apoyó en el amor de su Padre. No quiso parlamentar con la tentación.

Jesús hizo frente a Satanás con las palabras de la Escritura. "Escrito está," dijo. En toda tentación, el arma de su lucha era la Palabra de Dios. Satanás exigía de Cristo un milagro como señal de su divinidad. Pero aquello que es mayor que todos los milagros, una firme confianza en un "así dice Jehová," era una señal que no podía ser controvertida. Mientras Cristo se mantuviese en esa posición, el tentador no podría obtener ventaja alguna.

Fue en el tiempo de la mayor debilidad cuando Cristo fue asaltado por las tentaciones más fieras. Así Satanás pensaba prevalecer. Por este método había obtenido la victoria sobre los hombres. Cuando faltaba la fuerza y la voluntad se debilitaba, y la fe dejaba de reposar en Dios, entonces los que habían luchado valientemente por lo recto durante mucho tiempo, eran vencidos. Moisés se hallaba cansado por los cuarenta años de peregrinaciones de Israel cuando su fe dejó de asirse momentáneamente del poder infinito. Fracasó en los mismos límites de la tierra prometida. Así también sucedió con Elías, que había permanecido indómito delante del rey Acab y había hecho frente a toda la nación de Israel, encabezada por los cuatrocientos cincuenta profetas de Baal. Después de aquel terrible día pasado sobre el Carmelo, cuando se había muerto a los falsos profetas y el pueblo había declarado su fidelidad a Dios, Elías huyó para salvar su vida, ante las amenazas de la idólatra Jezabel. Así se había aprovechado Satanás de la debilidad de la humanidad. Y aun hoy sigue obrando de la misma manera. Siempre que una persona esté rodeada de nubes, se halle perpleja por las circunstancias, o afligida por la pobreza y angustia, Satanás está listo para tentarla y molestarla. Ataca los puntos débiles de nuestro carácter. Trata de destruir nuestra confianza en Dios porque él permite que exista tal estado de cosas. Nos vemos tentados a desconfiar de Dios y a poner en duda su amor. Muchas veces el tentador viene a nosotros como se presentó a Cristo, desplegando delante de nosotros nuestras debilidades y flaquezas. Espera desalentar el alma y quebrantar nuestra confianza en Dios. Entonces está seguro de su presa. Si nosotros le hiciéramos frente como lo hizo Jesús, evitaríamos muchas derrotas. Parlamentando con el enemigo, le damos ventajas.

Cuando Cristo dijo al tentador: "No con sólo el pan vivirá el hombre, mas con toda palabra que sale de la boca de Dios," repitió las palabras que más de catorce siglos antes había dicho a Israel: "Acordarte has de todo el camino por donde te ha traído Jehová tu Dios estos cuarenta años en el desierto, . . . y te afligió, e hízote tener hambre, y te sustentó con maná, comida que no conocías tú, ni tus padres la habían conocido; para hacerte saber que el hombre no vivirá de sólo pan, mas de todo lo que sale de la boca de Jehová vivirá el hombre." (Deut. 8:2, 3). En el desierto, cuando todos los medios de sustento se habían agotado, Dios envió a su pueblo maná del cielo, y esto en una provisión suficiente y constante. Dicha provisión había de enseñarles que mientras confiasen en Dios y anduviesen en sus caminos, él no los abandonaría. El Salvador puso ahora en práctica la lección que había enseñado a Israel. La palabra de Dios había dado socorro a la hueste hebrea, y la misma palabra se lo daría también a Jesús. Esperó el tiempo en que Dios había de traerle alivio. Se hallaba en el desierto en obediencia a Dios, y no iba a obtener alimentos siguiendo las sugestiones de Satanás. En presencia del universo, atestiguó que es menor calamidad sufrir lo que venga, que apartarse en un ápice de la voluntad de Dios.

"No con sólo el pan vivirá el hombre, mas con toda palabra

que sale de la boca de Dios." Muchas veces el que sigue a Cristo se ve colocado en donde no puede servir a Dios y llevar adelante sus empresas mundanales. Tal vez le parezca que la obediencia a algún claro requerimiento de Dios le privará de sus medios de sostén. Satanás quisiera hacerle creer que debe sacrificar las convicciones de su conciencia. Pero lo único en que podemos confiar en este mundo es la Palabra de Dios. "Buscad primeramente el reino de Dios y su justicia, y todas estas cosas os serán añadidas." (Mat. 6:33). Aun en esta vida, no puede beneficiarnos el apartarnos de la voluntad de nuestro Padre celestial. Cuando aprendamos a conocer el poder de su palabra no seguiremos las sugestiones de Satanás para obtener alimento o salvarnos la vida. Lo único que preguntaremos será: ¿Cuál es la orden de Dios, y cuál es su promesa? Conociéndolas, obedeceremos la primera y confiaremos en la segunda.

En el último gran conflicto de la controversia con Satanás, los que sean leales a Dios se verán privados de todo apoyo terrenal. Porque se niegan a violar su ley en obediencia a las potencias terrenales, se les prohibirá comprar o vender. Finalmente será decretado que se les dé muerte. (Apoc. 13:11-17). Pero al obediente se le hace la promesa: "Habitará en las alturas: fortalezas de rocas serán su lugar de acogimiento; se le dará su pan, y sus aguas serán ciertas." (Isa. 33:16). Los hijos de Dios vivirán por esta promesa. Serán alimentados cuando la tierra esté asolada por el hambre. "No serán avergonzados en el mal tiempo; y en los días de hambre serán hartos.' (Sal. 37:19). El profeta Habacuc previó este tiempo de angustia, y sus palabras expresan la fe de la iglesia: "Aunque la higuera no florecerá, ni en las vides habrá frutos; mentirá la obra de la oliva, y los labrados no darán mantenimiento, y las ovejas serán quitadas de la majada, y no habrá vacas en los corrales; con todo, yo me alegraré en Jehová, y me gozaré en el Dios de mi salud." (Hab. 3:17, 18).

De todas las lecciones que se desprenden de la primera gran tentación de nuestro Señor, ninguna es más importante que la relacionada con el dominio de los apetitos y pasiones. En todas las edades, las tentaciones atrayentes para la naturaleza física han sido las más eficaces para corromper y degradar a la humanidad. Mediante la intemperancia, Satanás obra para destruir las facultades mentales y morales que Dios dio al hombre como un don inapreciable. Así viene a ser imposible para los hombres apreciar las cosas de valor eterno. Mediante la complacencia de los sentidos, Satanás trata de borrar del alma todo vestigio de la semejanza divina.

La Tentación

La sensualidad irrefrenada y la enfermedad y degradación consiguientes, que existían en tiempos del primer advenimiento de Cristo, existirán, con intensidad agravada, antes de su segunda venida. Cristo declara que la condición del mundo será como en los días anteriores al diluvio, y como en tiempos de Sodoma y Gomorra. Todo intento de los pensamientos del corazón será de continuo el mal. Estamos viviendo en la víspera misma de ese tiempo pavoroso, y la lección del ayuno del Salvador debe grabarse en nuestro corazón. Únicamente por la indecible angustia que soportó Cristo podemos estimar el mal que representa el complacer sin freno los apetitos. Su ejemplo demuestra que nuestra única esperanza de vida eterna consiste en sujetar los apetitos y pasiones a la voluntad de Dios.

En nuestra propia fortaleza, nos es imposible negarnos a los clamores de nuestra naturaleza caída. Por su medio, Satanás nos presentará tentaciones. Cristo sabía que el enemigo se acercaría a todo ser humano para aprovecharse de las debilidades hereditarias y entrampar, mediante sus falsas insinuaciones, a todos aquellos que no confían en Dios. Y recorriendo el terreno que el hombre debe recorrer, nuestro Señor ha preparado el camino para que venzamos. No es su voluntad que seamos puestos en desventaja en el conflicto con Satanás. No quiere que nos intimiden ni desalienten los asaltos de la serpiente. "Tened buen ánimo—dice;—yo he vencido al mundo." (Juan 16:33, V.M.)

Considere al Salvador en el desierto de la tentación todo aquel que lucha contra el poder del apetito. Véale en su agonía sobre la cruz cuando exclamó: "Sed tengo." Él padeció todo lo que nos puede tocar sufrir. Su victoria es nuestra.

Jesús confió en la sabiduría y fuerza de su Padre celestial. Declara: "Jehová el Señor me ayudará; por tanto no he sido abochornado; . . . y sé que no seré avergonzado. . . . He aquí que Jehová me ayudará." Llamando la atención a su propio ejemplo, él nos dice: "¿Quién hay de entre vosotros que teme a Jehová, . . . que anda en tinieblas y no tiene luz? ¡Confíe en el nombre de Jehová, y apóyese en su Dios!" (Isa. 50:7-10, V.M.)

"Viene el príncipe de este mundo—dice Jesús;—mas no tiene nada en mí.' (Juan 14:30). No había en él nada que respondiera a los sofismas de Satanás. Él no consintió en pecar. Ni siquiera por un pensamiento cedió a la tentación. Así también podemos hacer nosotros. La humanidad de Cristo estaba unida con la divinidad. Fue hecho idóneo para el conflicto mediante la permanencia del Espíritu

Santo en él. Y él vino para hacernos participantes de la naturaleza divina. Mientras estemos unidos con él por la fe, el pecado no tendrá dominio sobre nosotros. Dios extiende su mano para alcanzar la mano de nuestra fe y dirigirla a asirse de la divinidad de Cristo, a fin de que nuestro carácter pueda alcanzar la perfección.

Y Cristo nos ha mostrado cómo puede lograrse esto. ¿Por medio de qué venció él en el conflicto con Satanás?—Por la Palabra de Dios. Sólo por medio de la Palabra pudo resistir la tentación. "Escrito está," dijo. Y a nosotros "nos son dadas preciosas y grandísimas promesas, para que por ellas fueseis hechos participantes de la naturaleza divina, habiendo huido de la corrupción que está en el mundo por concupiscencia." (2 Ped. 1:4). Toda promesa de la Palabra de Dios nos pertenece. Hemos de vivir de "toda palabra que sale de la boca de Dios." Cuando nos veamos asaltados por las tentaciones, no miremos las circunstancias o nuestra debilidad, sino el poder de la Palabra. Toda su fuerza es nuestra. "En mi corazón he guardado tus dichos—dice el salmista,—para no pecar contra ti." "Por la palabra de tus labios yo me he guardado de las vías del destructor." (Sal. 119:11; 17:4).

11

La Victoria

Este capítulo está basado en S. Mateo 4:5-11; S. Marcos 1:12, 13; S. Lucas 4:5-13.

"ENTONCES el diablo le pasa a la santa ciudad, y le pone sobre las almenas del templo, y le dice: Si eres Hijo de Dios, échate abajo; que escrito está: A sus ángeles mandará por ti, y te alzarán en las manos, para que nunca tropieces con tu pie en piedra."

Satanás supone ahora que ha hecho frente a Jesús en su propio terreno. El astuto enemigo le presenta palabras procedentes de la boca de Dios. Se da todavía por un ángel de luz y evidencia conocer las Escrituras y comprender su significado. Como Jesús empleó antes la Palabra de Dios para sostener su fe, el tentador la usa ahora para apoyar su engaño. Pretende haber estado tan sólo probando la fidelidad de Jesús, y elogia su firmeza. Como el Salvador había manifestado confianza en Dios, Satanás le insta a dar otra prueba de su fe.

Pero otra vez la tentación va precedida de la insinuación de desconfianza: "Si eres Hijo de Dios." Cristo se sintió tentado a contestar al "si;" pero se abstuvo de la menor aceptación de la duda. No podía hacer peligrar su vida a fin de dar pruebas a Satanás.

El tentador pensaba aprovechar de la humanidad de Cristo e incitarle a la presunción. Pero aunque Satanás puede instar, no puede obligar a pecar. Dijo, pues, a Jesús: "Échate abajo," sabiendo que no podía arrojarle, porque Dios se interpondría para librarle. Ni podía Satanás obligar a Jesús a arrojarse. A menos que Cristo cediese a la tentación, no podía ser vencido. Ni aun todo el poder de la tierra o del infierno podía obligarle a apartarse en un ápice de la voluntad de su Padre.

El tentador no puede nunca obligarnos a hacer lo malo. No puede dominar nuestra mente, a menos que la entreguemos a su dirección. La voluntad debe consentir y la fe abandonar su confianza en Cristo, antes que Satanás pueda ejercer su poder sobre nosotros. Pero todo deseo pecaminoso que acariciamos le da un punto de apoyo. Todo detalle en que dejamos de alcanzar la norma divina es una puerta abierta por la cual él puede entrar para tentarnos y destruirnos. Y todo fracaso o derrota de nuestra parte le da ocasión de vituperar a Cristo.

Cuando Satanás citó la promesa: "A sus ángeles mandará por ti," omitió las palabras: "que te guarden en todos tus caminos;" es decir, en todos los caminos que Dios haya elegido. Jesús se negó a salir de la senda de la obediencia. Aunque manifestaba perfecta confianza en su Padre, no quería colocarse, sin que le fuera ordenado, en una posición que justificase la intervención de su Padre para salvarle de la muerte. No quería obligar a la Providencia a acudir en su auxilio, y dejar de dar al hombre un ejemplo de confianza y sumisión.

Jesús declaró a Satanás: "Escrito está además: No tentarás al Señor tu Dios." Estas palabras fueron dirigidas por Moisés a los hijos de Israel cuando tenían sed en el desierto, y exigieron que Moisés les diese agua, exclamando: "¿Está, pues, Jehová entre nosotros, o no?' (Éxo. 17:7). Dios había obrado maravillosamente en favor suyo; sin embargo, al verse en dificultades, dudaron de él, y exigieron pruebas de que estaba con ellos. En su incredulidad, trataron de probarle. Satanás instaba a Cristo a hacer lo mismo. Dios había testificado ya de que Jesús era su Hijo; y ahora pedir pruebas de que era el Hijo de Dios era dudar de la Palabra de Dios, era tentarle. Y se podía hacer lo mismo al pedir lo que Dios no había prometido. Era manifestar desconfianza; en realidad, tentarle. No debemos presentar nuestras peticiones a Dios para *probar* si cumplirá su palabra, sino *porque* él la cumplirá; no para probar que nos ama, sino porque él nos ama. "Sin fe es imposible agradar a Dios; porque es menester que el que a Dios se allega, crea que le hay, y que es galardonador de los que le buscan." (Heb. 11:6).

Pero la fe no va en ningún sentido unida a la presunción. Sólo el que tenga verdadera fe se halla seguro contra la presunción. Porque la presunción es la falsificación satánica de la fe. La fe se aferra a las promesas de Dios, y produce la obediencia. La presunción también se aferra a las promesas, pero las usa como Satanás, para disculpar la transgresión. La fe habría inducido a nuestros primeros padres a confiar en el amor de Dios, y a obedecer sus mandamientos. La presunción los indujo a transgredir su ley, creyendo que su gran amor los salvaría de las consecuencias de su pecado. No es fe lo que reclama el favor del Cielo sin cumplir las condiciones bajo las cuales se concede una merced. La fe verdadera tiene su fundamento en las promesas y provisiones de las Escrituras.

Muchas veces, cuando Satanás no logra excitar la desconfianza, nos induce a la presunción. Si puede hacernos entrar innecesariamente en el camino de la tentación, sabe que la victoria es suya. Dios guardará a todos los que anden en la senda de la obediencia; pero el apartarse de ella es aventurarse en terreno de Satanás. Allí, lo seguro es que caeremos. El Salvador nos ha ordenado: "Velad y orad, para que no entréis en tentación." (Mar. 14:38). La meditación y la oración nos impedirían precipitarnos, sin orden alguna, al peligro, y así nos ahorraríamos muchas derrotas.

Sin embargo, no deberíamos desanimarnos cuando nos asalta la tentación. Muchas veces, al encontrarnos en situación penosa, dudamos de que el Espíritu de Dios nos haya estado guiando. Pero fue la dirección del Espíritu la que llevó a Jesús al desierto, para ser tentado por Satanás. Cuando Dios nos somete a una prueba, tiene un fin que lograr para nuestro bien. Jesús no confió presuntuosamente en las promesas de Dios yendo a la tentación sin recibir la orden, ni se entregó a la desesperación cuando la tentación le sobrevino. Ni debemos hacerlo nosotros. "Fiel es Dios, que no os dejará ser tentados más de lo que podéis llevar; antes dará también juntamente con la tentación la salida, para que podáis aguantar." Él dice: "Sacrifica a Dios alabanza, y paga tus votos al Altísimo. E invócame en el día de la angustia: te libraré, y tú me honrarás." (1 Cor. 10:13; Sal. 50:14, 15).

Jesús salió victorioso de la segunda tentación, y luego Satanás se le manifestó en su verdadero carácter. Pero no se le apareció como un odioso monstruo, de pezuñas hendidas y alas de murciélago. Era un poderoso ángel, aunque caído. Se declaró jefe de la rebelión y dios de este mundo.

Colocando a Jesús sobre una alta montaña, hizo desfilar delante de él, en vista panorámica, todos los reinos del mundo en toda su gloria. La luz del sol hería ciudades llenas de templos, palacios de mármol, campos feraces y viñedos cargados de frutos. Los rastros del mal estaban ocultos. Los ojos de Jesús, hasta poco tiempo antes afectados por una visión de lobreguez y desolación, contemplaban ahora una escena de insuperable belleza y prosperidad. Entonces se oyó la voz del tentador: "A ti te daré toda esta potestad, y la gloria de ellos; porque a mí es entregada, y a quien quiero la doy: pues si tú adorares delante de mí, serán todos tuyos."

La misión de Cristo podía cumplirse únicamente por medio de padecimientos. Le esperaba una vida de tristeza, penurias y conflicto, y una muerte ignominiosa. Debía llevar los pecados del mundo entero. Debía soportar la separación del amor de su Padre. El tentador le ofrecía la entrega del poder que había usurpado. Cristo podía librarse del espantoso porvenir reconociendo la supremacía de Satanás. Pero hacerlo hubiera sido renunciar a la victoria del gran conflicto. Tratando de ensalzarse por encima del Hijo de Dios, era como Satanás había pecado en el cielo. Si prevaleciese ahora, significaría el triunfo de la rebelión.

Cuando Satanás declaró a Cristo: El reino y la gloria del mundo me son entregados, y a quien quiero los doy, dijo algo que era verdad solamente en parte; y lo dijo con fines de engaño. El dominio que ejercía Satanás era el que había arrebatado a Adán, pero Adán era vicegerente del Creador. El suyo no era un dominio independiente. La tierra es de Dios, y él ha confiado todas las cosas a su Hijo. Adán había de reinar sujeto a Cristo. Cuando Adán entregó su soberanía en las manos de Satanás, Cristo continuó siendo aún el Rey legítimo. Por esto el Señor había dicho al rey Nabucodonosor: "El Altísimo se enseñorea del reino de los hombres, y . . . a quien él quiere lo da." (Dan. 4:17). Satanás puede ejercer su usurpada autoridad únicamente en la medida en que Dios lo permite.

Cuando el tentador ofreció a Cristo el reino y la gloria del mundo, se propuso que Cristo renunciase al verdadero reino del mundo y ejerciese el dominio sujeto a Satanás. Tal era la clase de dominio en que se cifraban las esperanzas de los judíos. Deseaban el reino de este mundo. Si Cristo hubiese consentido en ofrecerles semejante reino, le habrían recibido gustosamente. Pero la maldición del pecado, con toda su desgracia, pesaba sobre él. Cristo declaró al tentador: "Vete, Satanás, que escrito está: Al Señor tu Dios adorarás y a él solo servirás."

El que se había rebelado en el cielo ofreció a Cristo los reinos de este mundo para comprar su homenaje a los principios del mal; pero Cristo no quiso venderse; había venido para establecer un reino de justicia, y no quería abandonar sus propósitos. Satanás se acerca a los hombres con la misma tentación, y tiene más éxito con ellos. Les ofrece el reino de este mundo a condición de que reconozcan su supremacía. Demanda que sacrifiquen su integridad, desprecien la conciencia, satisfagan su egoísmo. Cristo los invita a buscar primero el reino de Dios y su justicia; pero Satanás anda a su lado y les dice: Cualquiera sea la verdad acerca de la vida eterna, para tener éxito en este mundo, debéis servirme. Tengo vuestro bienestar en mis manos. Puedo daros riquezas, placeres, honores y felicidad. Oíd mi consejo. No os dejéis arrastrar por nociones caprichosas de honradez o abnegación. Yo os

La Victoria

prepararé el camino. Y así multitudes son engañadas. Consienten en vivir para servirse a sí mismas, y Satanás queda satisfecho. Al par que las seduce con la esperanza del dominio mundanal, conquista el dominio del alma. Pero él ofrece lo que no puede otorgar, lo que pronto se le quitará. En pago, las despoja de su derecho a la herencia de los hijos de Dios.

Satanás había puesto en duda que Jesús fuese el Hijo de Dios. En su sumaria despedida tuvo una prueba que no podía contradecir. La divinidad fulguró a través de la humanidad doliente. Satanás no tuvo poder para resistir la orden. Retorciéndose de humillación e ira, se vio obligado a retirarse de la presencia del Redentor del mundo. La victoria de Cristo fue tan completa como lo había sido el fracaso de Adán.

Así podemos nosotros resistir la tentación y obligar a Satanás a alejarse. Jesús venció por la sumisión a Dios y la fe en él, y mediante el apóstol nos dice: "Someteos pues a Dios; resistid al diablo, y de vosotros huirá. Allegaos a Dios, y él se allegará a vosotros." (Sant. 4:7, 8). No podemos salvarnos a nosotros mismos del poder del tentador; él venció a la humanidad, y cuando nosotros tratamos de resistirle con nuestra propia fuerza caemos víctimas de sus designios; pero "torre fuerte es el nombre de Jehová: a él correrá el justo, y será levantado." (Prov. 18:10). Satanás tiembla y huye delante del alma más débil que busca refugio en ese nombre poderoso.

Después que el enemigo hubo huido, Jesús cayó exhausto al suelo, con la palidez de la muerte en el rostro. Los ángeles del cielo habían contemplado el conflicto, mirando a su amado General mientras pasaba por indecibles sufrimientos para preparar una vía de escape para nosotros. Había soportado la prueba, una prueba mayor que cualquiera que podamos ser llamados a soportar. Los ángeles sirvieron entonces al Hijo de Dios, mientras estaba postrado como moribundo. Fue fortalecido con alimentos y consolado por un mensaje del amor de su Padre, así como por la seguridad de que todo el cielo había triunfado en su victoria. Reanimándose, su gran corazón se hinchió de simpatía por el hombre y salió para completar la obra que había empezado, para no descansar hasta que el enemigo estuviese vencido y redimida nuestra especie caída.

Nunca podrá comprenderse el costo de nuestra redención hasta que los redimidos estén con el Redentor delante del trono de Dios. Entonces, al percibir de repente nuestros sentidos arrobados las glorias de la patria eterna, recordaremos que Jesús dejó todo esto por nosotros, que no sólo se desterró de las cortes celestiales, sino que por nosotros corrió el riesgo de fracasar y de perderse eternamente. Entonces arrojaremos nuestras coronas a sus pies, y elevaremos este canto: "¡Digno es el Cordero que ha sido inmolado, de recibir el poder, y la riqueza, y la sabiduría, y la fortaleza, y la honra, y la gloria, y la bendición!" (Apoc. 5:12, V.M.)

12

"Hemos Hallado al Mesías"

Este capítulo está basado en S. Juan 1:19-51.

JUAN EL BAUTISTA estaba predicando y bautizando en Betábara, al otro lado del Jordán. No quedaba muy lejos del lugar donde antaño Dios había detenido el río en su curso hasta que pasara Israel. A corta distancia de allí, la fortaleza de Jericó había sido derribada por los ejércitos celestiales. El recuerdo de dichos sucesos revivía en este tiempo, y prestaba conmovedor interés al mensaje del Bautista. ¿No habría de volver a manifestar su poder, para librar a Israel, Aquel que había obrado tan maravillosamente en tiempos pasados? Tal era el pensamiento que conmovía el corazón de la gente que diariamente se agolpaba a orillas del Jordán.

La predicación de Juan se había posesionado tan profundamente de la nación, que exigía la atención de las autoridades religiosas. El peligro de que se produjera alguna insurrección, inducía a los romanos a considerar con sospecha toda reunión popular, y todo lo que tuviese el menor viso de un levantamiento del pueblo excitaba los temores de los gobernantes judíos. Juan no había reconocido la autoridad del Sanedrín ni pedido su sanción sobre su obra; y había reprendido a los gobernantes y al pueblo, a fariseos y saduceos por igual. Sin embargo, el pueblo le seguía ávidamente. El interés manifestado en su obra parecía aumentar de continuo. Aunque él no le había manifestado deferencia, el Sanedrín estimaba que, por enseñar en público, se hallaba bajo su jurisdicción.

Ese cuerpo estaba compuesto de miembros elegidos del sacerdocio, y de entre los principales gobernantes y maestros de la nación. El sumo sacerdote era quien lo presidía, por lo general. Todos sus miembros debían ser hombres de edad provecta, aunque no demasiado ancianos; hombres de saber, no sólo versados en la religión e historia de los judíos, sino en el saber general. Debían ser sin defecto físico, y hombres casados, y además, padres, pues así era más probable que fuesen humanos y considerados. Su lugar de reunión era un departamento anexo al templo de Jerusalén. En el tiempo de la independencia de los judíos, el Sanedrín era la corte suprema de la nación, y poseía autoridad secular tanto como eclesiástica. Aunque en el tiempo de Cristo se hallaba subordinado a los gobernadores romanos, ejercía todavía una influencia poderosa en los asuntos civiles y religiosos.

Era difícil para el Sanedrín postergar la investigación de la obra de Juan. Algunos recordaban la revelación dada a Zacarías en el templo, y su profecía de que su hijo sería el heraldo del Mesías. En los tumultos y cambios de treinta años, estas cosas habían sido en gran parte olvidadas. Ahora la conmoción ocasionada por el ministerio de Juan las traía a la memoria de la gente.

Hacía mucho que Israel no había tenido profeta; hacía mucho que no se había realizado una reforma como la que se presenciaba. El llamamiento a confesar los pecados parecía nuevo y sorprendente. Muchos de entre los dirigentes no querían ir a oír las invitaciones y denuncias de Juan, por temor a verse inducidos a revelar los secretos de sus vidas; sin embargo, su predicación era un anuncio directo del Mesías. Era bien sabido que las setenta semanas de la profecía de Daniel, que incluían el advenimiento del Mesías, estaban por terminar; y todos anhelaban participar en esa era de gloria nacional que se esperaba para entonces. Era tal el entusiasmo popular, que el Sanedrín se vería pronto obligado a sancionar o a rechazar la obra de Juan. El poder que dicha asamblea ejercía sobre el pueblo estaba ya decayendo. Era para ella un asunto grave saber cómo mantener su posición. Esperando llegar a alguna conclusión, enviaron al Jordán una delegación de sacerdotes y levitas para que se entrevistaran con el nuevo maestro.

Cuando los delegados llegaron, había una multitud congregada que escuchaba sus palabras. Con aire de autoridad, destinado a impresionar a la gente y a inspirar deferencia al profeta, llegaron los altivos rabinos. Con un movimiento de respeto, casi de temor, la muchedumbre les dio paso. Los notables, con lujosa vestimenta y con el orgullo de su posición y poder, se llegaron ante el profeta del desierto.

"¿Tú, quién eres?" preguntaron.

"No soy yo el Cristo," contestó Juan, sabiendo lo que ellos pensaban.

"¿Qué pues? ¿Eres tú Elías?"

"No soy."

"Hemos Hallado al Mesías"

"¿Eres tú el profeta?"

"No."

"¿Pues quién eres? para que demos respuesta a los que nos enviaron. ¿Qué dices de ti mismo?"

"Yo soy la voz del que clama en el desierto: Enderezad el camino del Señor, como dijo Isaías profeta."

El pasaje al que se refirió Juan es la hermosa profecía de Isaías: "Consolaos, consolaos, pueblo mío, dice vuestro Dios. Hablad al corazón de Jerusalem: decidle a voces que su tiempo es ya cumplido, que su pecado es perdonado. . . . Voz que clama en el desierto: Barred camino a Jehová: enderezad calzada en la soledad a nuestro Dios. Todo valle sea alzado, y bájese todo monte y collado; y lo torcido se enderece, y lo áspero se allane. Y manifestaráse la gloria de Jehová, y toda carne juntamente la verá." (Isa. 40:1-5).

Antiguamente, cuando un rey viajaba por las comarcas menos frecuentadas de sus dominios, se enviaba delante del carro real a un grupo de hombres para que aplanase los lugares escabrosos y llenase los baches, a fin de que el rey pudiese viajar con seguridad y sin molestia. Esta costumbre es la que menciona el profeta para ilustrar la obra del Evangelio. "Todo valle sea alzado, y bájese todo monte y collado." Cuando el Espíritu de Dios conmueve el alma con su maravilloso poder de despertarla, humilla el orgullo humano. El placer mundanal, la jerarquía y el poder son tenidos por inútiles. Son destruidos los "consejos, y toda altura que se levanta contra la ciencia de Dios," y se sujeta "todo intento a la obediencia de Cristo." (2 Cor. 10:5). Entonces la humildad y el amor abnegado, tan poco apreciados entre los hombres, son ensalzados como las únicas cosas de valor. Tal es la obra del Evangelio, de la cual el mensaje de Juan era una parte.

Los rabinos continuaron preguntando: "¿Por qué pues bautizas, si tú no eres el Cristo, ni Elías, ni el profeta?" Las palabras "el profeta" se referían a Moisés. Los judíos se habían inclinado a creer que Moisés sería resucitado de los muertos y llevado al cielo. No sabían que ya había sido resucitado. Cuando el Bautista inició su ministerio, muchos pensaron que tal vez fuese el profeta Moisés resucitado; porque parecía tener un conocimiento cabal de las profecías y de la historia de Israel.

También se creía que antes del advenimiento del Mesías, Elías aparecería personalmente. Juan salió al cruce de esta expectación con su negativa; pero sus palabras tenían un significado mas profundo.

Jesús dijo después, refiriéndose a Juan: "Y si queréis recibirlo, éste es Elías, el que había de venir." (Mat. 11:14, V.M.) Juan vino con el espíritu y poder de Elías, para hacer una obra como la que había hecho Elías. Si los judíos le hubiesen recibido, esta obra se habría realizado en su favor. Pero no recibieron su mensaje. Para ellos no fue Elías. No pudo cumplir en favor de ellos la misión que había venido a realizar.

Muchos de los que estaban reunidos al lado del Jordán habían estado presentes en ocasión del bautismo de Jesús; pero la señal dada entonces había sido manifiesta para unos pocos de entre ellos. Durante los meses precedentes, durante el ministerio del Bautista, muchos se habían negado a escuchar el llamamiento al arrepentimiento. Así habían endurecido su corazón y obscurecido su entendimiento. Cuando el Cielo dio testimonio a Jesús en ocasión de su bautismo, no lo percibieron. Los ojos que nunca se habían vuelto con fe hacia el Invisible, no vieron la revelación de la gloria de Dios; los oídos que nunca habían escuchado su voz, no oyeron las palabras del testimonio. Así sucede ahora. Con frecuencia, la presencia de Cristo y de los ángeles ministradores se manifiesta en las asambleas del pueblo; y, sin embargo, muchos no lo saben. No disciernen nada insólito. Pero la presencia del Salvador se revela a algunos. La paz y el gozo animan su corazón. Son consolados, estimulados y bendecidos.

Los diputados de Jerusalén habían preguntado a Juan: "¿Por qué, pues, bautizas?" y estaban aguardando su respuesta. Repentinamente, al pasear Juan la mirada sobre la muchedumbre, sus ojos se iluminaron, su rostro se animó, todo su ser quedó conmovido por una profunda emoción. Con la mano extendida, exclamó: "Yo bautizo con agua; pero en medio de vosotros está uno, a quien no conocéis, el mismo que viene después de mí, a quien no soy digno de desatar la correa de su zapato." (Juan 1:26, 27, V.M.)

El mensaje que debía ser llevado al Sanedrín era claro e inequívoco. Las palabras de Juan no podían aplicarse a otro, sino al Mesías prometido. Este se hallaba entre ellos. Con asombro, los sacerdotes y gobernantes miraban en derredor suyo esperando descubrir a Aquel de quien había hablado Juan. Pero no se le distinguía entre la multitud.

Cuando, en ocasión del bautismo de Jesús, Juan le señaló como el Cordero de Dios, una nueva luz resplandeció sobre la obra del Mesías. La mente del profeta fue dirigida a las palabras de Isaías: "Como cordero fue llevado al matadero." (Isa. 53:7). Durante las semanas que siguieron, Juan estudió con nuevo interés las profecías y la enseñanza de las ceremonias de los sacrificios. No distinguía claramente las dos fases de la obra de Cristo—como sacrificio doliente y como rey vencedor,—pero veía que su venida tenía un significado más profundo que el que discernían los sacerdotes y el pueblo. Cuando vio a Jesús entre la muchedumbre, al volver él del desierto, esperó confiadamente que daría al pueblo alguna señal de su verdadero carácter. Casi impacientemente esperaba oír al Salvador declarar su misión; pero Jesús no pronunció una palabra ni dio señal alguna. No respondió al anuncio que hiciera el Bautista acerca de él, sino que se mezcló con los discípulos de Juan sin dar evidencia externa de su obra especial, ni tomar medidas que lo pusiesen en evidencia.

Al día siguiente, Juan vio venir a Jesús. Con la luz de la gloria de Dios descansando sobre él, el profeta extendió las manos diciendo: "He aquí el Cordero de Dios, que quita el pecado del mundo. Este es del que dije: Tras mí viene un varón, el cual es antes de mí: . . . y yo no le conocía; mas para que fuese manifestado a Israel, por eso vine yo bautizando con agua. . . . Vi al Espíritu que descendía del cielo como paloma, y reposó sobre él. Y yo no le conocía; mas el que me envió a bautizar con agua, Aquél me dijo: Sobre quien vieres descender el Espíritu, y que reposa sobre él, éste es el que bautiza con Espíritu Santo. Y yo le vi, y he dado testimonio que éste es el Hijo de Dios."

¿Era éste el Cristo? Con reverencia y asombro, el pueblo miró a Aquel que acababa de ser declarado Hijo de Dios. Todos habían sido profundamente conmovidos por las palabras de Juan. Les había hablado en el nombre de Dios. Le habían escuchado día tras día mientras reprendía sus pecados, y diariamente se había fortalecido en ellos la convicción de que era enviado del cielo. Pero, ¿quién era éste mayor que Juan el Bautista? En su porte e indumentaria, nada indicaba que fuese de alta jerarquía. Aparentemente, era un personaje sencillo, vestido como ellos, con la humilde vestimenta de los pobres.

Había entre la multitud algunos de los que en ocasión del bautismo de Cristo habían contemplado la gloria divina y oído la voz de Dios. Pero desde entonces el aspecto del Salvador había cambiado mucho. En ocasión de su bautismo, habían visto su rostro transfigurado por la luz del cielo; ahora, pálido, cansado y demacrado, fue reconocido únicamente por el profeta Juan.

Pero al mirarle, la gente vio un rostro donde la compasión divina se aunaba con la conciencia del poder. Toda mirada de sus ojos, todo rasgo de su semblante, estaba señalado por la humildad y expresaba un amor indecible. Parecía rodeado por una atmósfera de influencia espiritual. Aunque sus modales eran amables y sencillos, daba a los hombres una impresión de un poder escondido, pero que no podía ocultarse completamente. ¿Era éste Aquel a quien Israel había esperado tanto tiempo?

Jesús vino con pobreza y humillación, a fin de ser tanto nuestro ejemplo como nuestro Redentor. Si hubiese aparecido con pompa real, ¿cómo podría habernos enseñado la humildad? ¿Cómo podría haber presentado verdades tan terminantes en el sermón del monte? ¿Dónde habría quedado la esperanza de los humildes en esta vida, si Jesús hubiese venido a morar como rey entre los hombres?

Sin embargo, para la multitud parecía imposible que el ser designado por Juan estuviese asociado con sus sublimes esperanzas. Así muchos quedaron chasqueados y muy perplejos.

Las palabras que los sacerdotes y rabinos tanto deseaban oír, a saber, que Jesús restauraría ahora el reino de Israel, no habían sido pronunciadas. Tal rey habían estado esperando y por él velaban; y a un rey tal estaban dispuestos a recibir. Pero no querían aceptar a uno que tratase de establecer en su corazón un reino de justicia y de paz.

Al día siguiente, mientras dos discípulos estaban cerca, Juan volvió a ver a Jesús entre el pueblo. Otra vez se iluminó el rostro del profeta con la gloria del Invisible, mientras exclamaba: "He aquí el Cordero de Dios." Las palabras conmovieron el corazón de los discípulos. Ellos no las comprendían plenamente. ¿Qué significaba el nombre que Juan le había dado: "Cordero de Dios"? Juan mismo no lo había explicado.

Dejando a Juan, se fueron en pos de Jesús. Uno de ellos era Andrés, hermano de Simón; el otro Juan, el que iba a ser el evangelista. Estos fueron los primeros discípulos de Cristo. Movidos por un impulso irresistible, siguieron a Jesús, ansiosos de hablar con él, aunque asombrados y en silencio, abrumados por el significado del pensamiento: "¿Es éste el Mesías?"

Jesús sabía que los discípulos le seguían. Eran las primicias de su ministerio, y había gozo en el corazón del Maestro divino al ver a estas almas responder a su gracia. Sin embargo, volviéndose, les preguntó: "¿Qué buscáis?" Quería dejarlos libres para volver atrás, o para expresar su deseo.

Ellos eran conscientes de un solo propósito. La presencia de Cristo llenaba su pensamiento. Exclamaron: "Rabí, . . . ¿dónde moras?" En una breve entrevista, a orillas del camino, no podían recibir lo que anhelaban. Deseaban estar a solas con Jesús, sentarse a sus pies, y oír sus palabras. "Díceles: Venid y ved. Vinieron, y vieron donde moraba, y quedáronse con él aquel día."

Si Juan y Andrés hubiesen estado dominados por el espíritu incrédulo de los sacerdotes y gobernantes, no se habrían presentado como discípulos a los pies de Jesús. Habrían venido a él como críticos, para juzgar sus palabras. Muchos cierran así la puerta a las oportunidades más preciosas. No sucedió así con estos primeros discípulos. Habían respondido al llamamiento del Espíritu Santo, manifestado en la predicación de Juan el Bautista. Ahora, reconocían la voz del Maestro celestial. Para ellos, las palabras de Jesús estaban llenas de refrigerio, verdad y belleza. Una iluminación divina se derramaba sobre las enseñanzas de las Escrituras del Antiguo Testamento. Los multilaterales temas de la verdad se destacaban con una nueva luz.

Es la contrición, la fe y el amor lo que habilita al alma para recibir sabiduría del cielo. La fe obrando por el amor, es la llave del conocimiento, y todo aquel que ama "conoce a Dios." (1 Juan 4:7).

El discípulo Juan era de afectos sinceros y profundos, aunque de naturaleza contemplativa. Había empezado a discernir la gloria de Cristo, no la pompa mundanal, ni el poder que se le había enseñado a esperar, sino la "gloria como del unigénito del Padre, lleno de gracia y de verdad." (Juan 1:14). Estaba absorto en la contemplación del maravilloso tema.

Andrés trató de impartir el gozo que llenaba su corazón. Yendo en busca de su hermano Simón, exclamó: "Hemos hallado al Mesías." Simón no se hizo llamar dos veces. Él también había oído la predicación de Juan el Bautista, y se apresuró a ir al Salvador. Los ojos de Jesús se posaron sobre él, leyendo su carácter y su historia. Su naturaleza impulsiva, su corazón amante y lleno de simpatía, su ambición y confianza en sí mismo, la historia de su caída, su arrepentimiento, sus labores y su martirio: el Salvador lo leyó todo, y dijo: "Tú eres Simón, hijo de Jonás: tú serás llamado Cefas (que quiere decir, Piedra)."

"El siguiente día quiso Jesús ir a Galilea, y halla Felipe, al cual dijo: Sígueme." Felipe obedeció al mandato, y en seguida se puso también a trabajar para Cristo.

Felipe llamó a Natanael. Este último había estado entre la muchedumbre cuando el Bautista señaló a Jesús como el Cordero de

Dios. Al mirar a Jesús, Natanael quedó desilusionado. ¿Podía ser el Mesías este hombre que llevaba señales de pobreza y de trabajo? Sin embargo, Natanael no podía decidirse a rechazar a Jesús, porque el mensaje de Juan le había convencido en su corazón.

Cuando Felipe lo llamó, Natanael se había retirado a un tranquilo huerto para meditar sobre el anuncio de Juan y las profecías concernientes al Mesías. Estaba rogando a Dios que si el que había sido anunciado por Juan era el Libertador, se lo diese a conocer, y el Espíritu Santo descendió para impartirle la seguridad de que Dios había visitado a su pueblo y le había suscitado un cuerno de salvación. Felipe sabía que su amigo Natanael escudriñaba las profecías, y lo descubrió en su lugar de retiro mientras oraba debajo de una higuera, donde muchas veces habían orado juntos, ocultos por el follaje.

El mensaje: "Hemos hallado a Aquel de quien escribió Moisés en la ley, y los profetas," pareció a Natanael una respuesta directa a su oración. Pero la fe de Felipe era aún vacilante. Añadió con cierta duda: "Jesús, el hijo de José, de Nazaret." Los prejuicios volvieron a levantarse en el corazón de Natanael. Exclamó: "¿De Nazaret puede haber algo de bueno?"

Felipe no entró en controversia. Dijo: "Ven y ve. Jesús vio venir a sí a Natanael, y dijo de él: He aquí un verdadero israelita, en el cual no hay engaño." Sorprendido, Natanael exclamó: "¿De dónde me conoces? Respondió Jesús, y díjole: Antes que Felipe te llamara, cuando estabas debajo de la higuera te vi."

Esto fue suficiente. El Espíritu divino que había dado testimonio a Natanael en su oración solitaria debajo de la higuera, le habló ahora en las palabras de Jesús. Aunque presa de la duda, y cediendo en algo al prejuicio, Natanael había venido a Cristo con un sincero deseo de oír la verdad, y ahora su deseo estaba satisfecho. Su fe superó a la de aquel que le había traído a Jesús. Respondió y dijo: "Rabí, tú eres el Hijo de Dios; tú eres el Rey de Israel."

Si Natanael hubiese confiado en los rabinos para ser dirigido, nunca habría hallado a Jesús. Viendo y juzgando por sí mismo, fue como llegó a ser discípulo. Así sucede hoy día en el caso de muchos a quienes los prejuicios apartan de lo bueno. ¡Cuán diferentes serían los resultados si ellos quisieran venir y ver!

Ninguno llegará a un conocimiento salvador de la verdad mientras confíe en la dirección de la autoridad humana. Como Natanael, necesitamos estudiar la Palabra de Dios por nosotros mismos, y pedir la iluminación del Espíritu Santo. Aquel que vio a Natanael debajo de la higuera, nos verá en el lugar secreto de oración. Los ángeles del mundo de luz están cerca de aquellos que con humildad solicitan la dirección divina.

Con el llamamiento de Juan, Andrés, Simón, Felipe y Natanael, empezó la fundación de la iglesia cristiana. Juan dirigió a dos de sus discípulos a Cristo. Entonces uno de éstos, Andrés, halló a su hermano, y lo llevó al Salvador. Luego Felipe fue llamado, y buscó a Natanael. Estos ejemplos deben enseñarnos la importancia del esfuerzo personal, de dirigir llamamientos directos a nuestros parientes, amigos y vecinos. Hay quienes durante toda la vida han profesado conocer a Cristo, y sin embargo, no han hecho nunca un esfuerzo personal para traer siquiera un alma al Salvador. Dejan todo el trabajo al predicador. Tal vez él esté bien preparado para su vocación, pero no puede hacer lo que Dios ha dejado para los miembros de la iglesia.

Son muchos los que necesitan el ministerio de corazones cristianos amantes. Muchos han descendido a la ruina cuando podrían haber sido salvados, si sus vecinos, hombres y mujeres comunes, hubiesen hecho algún esfuerzo personal en su favor. Muchos están aguardando a que se les hable personalmente. En la familia misma, en el vecindario, en el pueblo en que vivimos, hay para nosotros trabajo que debemos hacer como misioneros de Cristo. Si somos creyentes, esta obra será nuestro deleite. Apenas se ha convertido uno cuando nace en él el deseo de dar a conocer a otros cuán precioso amigo ha hallado en Jesús. La verdad salvadora y santificadora no puede quedar encerrada en su corazón.

Todos los que se han consagrado a Dios serán conductos de luz. Dios los hace agentes suyos para comunicar a otros las riquezas de su gracia. Su promesa es: "Y daré a ellas, y a los alrededores de mi collado, bendición; y haré descender la lluvia en su tiempo, lluvias de bendición serán." (Eze. 34:26).

Felipe dijo a Natanael: "Ven y ve." No le pidió que aceptase el testimonio de otro, sino que contemplase a Cristo por sí mismo. Ahora que Jesús ascendió al cielo, sus discípulos son sus representantes entre los hombres, y una de las maneras más eficaces de ganar almas para él consiste en ejemplificar su carácter en nuestra vida diaria. Nuestra influencia sobre los demás no depende tanto de lo que decimos, como de lo que somos. Los hombres pueden combatir y desafiar nuestra lógica, pueden resistir nuestras súplicas; pero una vida de amor desinteresado es un argumento que no pueden contradecir. Una vida consecuente, caracterizada por la mansedumbre de Cristo, es un poder en el mundo.

La enseñanza de Cristo fue la expresión de una convicción íntima y de la experiencia, y los que aprenden de él llegan a ser maestros según el orden divino. La palabra de Dios, pronunciada por aquel que haya sido santificado por ella, tiene un poder vivificador que la hace atrayente para los oyentes, y los convence de que es una realidad viviente. Cuando uno ha recibido la verdad con amor, lo hará manifiesto en la persuasión de sus modales y el tono de su voz. Dará a conocer lo que él mismo oyó, vio y tocó de la palabra de vida, para que otros tengan comunión con él por el conocimiento de Cristo. Su testimonio, de labios tocados por un tizón ardiente del altar es verdad para el corazón dispuesto a recibirlo, y santifica el carácter.

Y el que procura dar la luz a otros, será él mismo bendecido. Habrá "lluvias de bendición." "El que riega será él mismo regado." (Prov. 11:25, V.M.) Dios podría haber alcanzado su objeto de salvar a los pecadores, sin nuestra ayuda; pero a fin de que podamos desarrollar un carácter como el de Cristo, debemos participar en su obra. A fin de entrar en su gozo—el gozo de ver almas redimidas por su sacrificio,— debemos participar de sus labores en favor de su redención.

La primera expresión de la fe de Natanael, tan completa, ferviente y sincera, fue como música en los oídos de Jesús. Y él respondió y le dijo: "¿Porque te dije, te vi debajo de la higuera, crees? Cosas mayores que éstas verás." El Salvador miró hacia adelante con gozo, considerando su obra de predicar las buenas nuevas a los abatidos, de vendar a los quebrantados de corazón, y proclamar libertad a los cautivos de Satanás. Al pensar en las preciosas bendiciones que había traído a los hombres, Jesús añadió: "De cierto, de cierto os digo: De aquí adelante veréis el cielo abierto, y los ángeles de Dios que suben y descienden sobre el Hijo del hombre."

Con esto, Cristo dice en realidad: En la orilla del Jordán, los cielos fueron abiertos y el Espíritu descendió sobre mí en forma de paloma. Esta escena no fue sino una señal de que soy el Hijo de Dios. Si creéis en mí como tal, vuestra fe será vivificada. Veréis que los cielos están abiertos y nunca se cerrarán. Los he abierto a vosotros. Los ángeles de Dios están ascendiendo, y llevando las oraciones de los menesterosos y angustiados al Padre celestial, y al descender, traen bendición y esperanza, valor, ayuda y vida a los hijos de los hombres.

Los ángeles de Dios pasan siempre de la tierra al cielo, y del cielo a la tierra. Los milagros de Cristo, en favor de los afligidos y dolientes, fueron realizados por el poder de Dios mediante el ministerio de los ángeles. Y es por medio de Cristo, por el ministerio de sus mensajeros celestiales, como nos llega toda bendición de Dios. Al revestirse de la humanidad, nuestro Salvador une sus intereses con los de los caídos hijos e hijas de Adán, mientras que por su divinidad se aferra al trono de Dios. Y así es Cristo el medio de comunicación de los hombres con Dios y de Dios con los hombres.

13

En las Bodas de Caná

Este capítulo está basado en S. John 2:1-11.

JESÚS no empezó su ministerio haciendo alguna gran obra delante del Sanedrín de Jerusalén. Su poder se manifestó en una reunión familiar, celebrada en una pequeña aldea de Galilea, para aumentar el placer de una fiesta de bodas. Así demostró su simpatía por los hombres y su deseo de contribuir a su felicidad. En el desierto de la tentación, él mismo había bebido la copa de la desgracia; y de allí salió para dar a los hombres la copa de la bendición, de su bendición que había de santificar las relaciones de la vida humana.

Desde el Jordán, Jesús había regresado a Galilea. Debía celebrarse un casamiento en Caná, pequeño pueblo no lejano de Nazaret; las partes contrayentes eran parientes de José y María, y Jesús, teniendo conocimiento de esa reunión familiar, fue a Caná, y con sus discípulos fue invitado a la fiesta.

Allí volvió a encontrarse con su madre, de la cual había estado separado desde hacía cierto tiempo. María había oído hablar de la manifestación hecha a orillas del Jordán, en ocasión de su bautismo. Las noticias habían sido llevadas a Nazaret, y le habían hecho recordar las escenas que durante tantos años había guardado en su corazón. En común con todo Israel, María quedó profundamente conmovida por la misión de Juan el Bautista. Bien recordaba ella la profecía hecha en ocasión de su nacimiento. Ahora la relación que había tenido con Jesús volvía a encender sus esperanzas. Pero también le habían llegado noticias de la partida misteriosa de Jesús al desierto, y le habían oprimido presentimientos angustiosos.

Desde el día en que oyera el anuncio del ángel en su hogar de Nazaret, María había atesorado toda evidencia de que Jesús era el Mesías. Su vida de mansedumbre y abnegación le aseguraba que él no podía ser otro que el enviado de Dios. Sin embargo, también a ella la asaltaban dudas y desilusiones, y anhelaba el momento de la revelación de su gloria. La muerte la había separado de José, quien había compartido con ella el conocimiento del misterio del nacimiento de Jesús. Ahora no había nadie a quien pudiese confiar sus esperanzas y temores. Los últimos dos meses habían sido de mucha tristeza. Ella había estado separada de Jesús, en cuya simpatía hallaba consuelo; reflexionaba en las palabras de Simeón: "Una espada traspasará tu alma;" (Luc. 2:35) recordaba los tres días de agonía durante los cuales pensaba que había perdido para siempre a Jesús, y con ansioso corazón anhelaba su regreso.

En el festín de bodas le encontró; era el mismo hijo tierno y servicial. Sin embargo, no era el mismo. Su rostro había cambiado. Llevaba los rastros de su conflicto en el desierto, y una nueva expresión de dignidad y poder daba evidencia de su misión celestial. Le acompañaba un grupo de jóvenes, cuyos ojos le seguían con reverencia, y quienes le llamaban Maestro. Estos compañeros relataron a María lo que habían visto y oído en ocasión del bautismo y en otras partes, y concluyeron declarando: "Hemos hallado a Aquel de quien escribió Moisés en la ley, y los profetas." (Juan 1:45).

Al reunirse los convidados, muchos parecían preocupados por un asunto de interés absorbente. Una agitación reprimida parecía dominar a la compañía. Pequeños grupos conversaban en voz baja, pero con animación, y miradas de admiración se dirigían hacia el Hijo de María. Al oír María el testimonio de los discípulos acerca de Jesús, la alegró la seguridad de que las esperanzas que alimentara durante tanto tiempo no eran vanas. Sin embargo, ella habría sido más que humana si no se hubiese mezclado con su santo gozo un vestigio del orgullo natural de una madre amante. Al ver cómo las miradas se dirigían a Jesús, ella anheló verle probar a todos que era realmente el honrado de Dios. Esperaba que hubiese oportunidad de realizar un milagro delante de todos.

En aquellos tiempos, era costumbre que las festividades matrimoniales durasen varios días. En esta ocasión, antes que terminara la fiesta, se descubrió que se había agotado la provisión de vino. Este descubrimiento ocasionó mucha perplejidad y pesar. Era algo inusitado que faltase el vino en las fiestas, pues esta carencia se habría interpretado como falta de hospitalidad. Como pariente de las partes interesadas, María había ayudado en los arreglos hechos para la fiesta, y ahora se dirigió a Jesús diciendo: "Vino no tienen." Estas palabras eran una sugestión de que él podría suplir la necesidad. Pero Jesús contestó: "¿Qué tengo yo contigo, mujer? Aún no ha venido mi hora."

Esta respuesta, por brusca que nos parezca, no expresaba frialdad ni falta de cortesía. La forma en que se dirigió el Salvador a su madre estaba de acuerdo con la costumbre oriental. Se empleaba con las personas a quienes se deseaba demostrar respeto. Todo acto de la vida terrenal de Cristo estuvo en armonía con el precepto que él mismo había dado: "Honra a tu padre y a tu madre." (Éxo. 20:12). En la cruz, en su último acto de ternura hacia su madre, Jesús volvió a dirigirse a ella de la misma manera al confiarla al cuidado de su discípulo más amado. Tanto en la fiesta de bodas como sobre la cruz, el amor expresado en su tono, mirada y modales, interpretó sus palabras.

En ocasión de su visita al templo en su niñez, al revelársele el misterio de la obra que había de llenar su vida, Cristo había dicho a María: "¿No sabíais que en los negocios de mi Padre me conviene estar?" (Luc. 2:49). Estas palabras fueron la nota dominante de toda su vida y ministerio. Todo lo supeditaba a su trabajo: la gran obra de redención que había venido a realizar en el mundo. Ahora repitió la lección. Había peligro de que María considerase que su relación con Jesús le daba derechos especiales sobre él, y facultad para dirigirle hasta cierto punto en su misión. Durante treinta años, había sido para ella un hijo amante y obediente, y su amor no había cambiado; pero debía atender ahora la obra de su Padre. Como Hijo del Altísimo, y Salvador del mundo, ningún vínculo terrenal debía impedirle cumplir su misión, ni influir en su conducta. Debía estar libre para hacer la voluntad de Dios. Esta lección es también para nosotros. Los derechos de Dios superan aun al parentesco humano. Ninguna atracción terrenal debe apartar nuestros pies de la senda en que él nos ordena andar.

La única esperanza de redención para nuestra especie caída está en Cristo; María podía hallar salvación únicamente por medio del Cordero de Dios. En sí misma, no poseía méritos. Su relación con Jesús no la colocaba en una relación espiritual con él diferente de la de cualquier otra alma humana. Así lo indicaron las palabras del Salvador. Él aclara la distinción que hay entre su relación con ella como Hijo del hombre y como Hijo de Dios. El vínculo de parentesco que había entre ellos no la ponía de ninguna manera en igualdad con él.

Las palabras: "Aún no ha venido mi hora," indican que todo acto de la vida terrenal de Cristo se realizaba en cumplimiento del plan trazado desde la eternidad. Antes de venir a la tierra, el plan estuvo delante de él, perfecto en todos sus detalles. Pero mientras andaba entre los hombres, era guiado, paso a paso, por la voluntad del

Padre. En el momento señalado, no vacilaba en obrar. Con la misma sumisión, esperaba hasta que llegase la ocasión.

Al decir a María que su hora no había llegado todavía, Jesús contestaba al pensamiento que ella no había expresado, la expectativa que acariciaba en común con su pueblo. Esperaba que se revelase como Mesías, y asumiese el trono de Israel. Pero el tiempo no había llegado. Jesús había aceptado la suerte de la humanidad, no como Rey, sino como Varón de dolores, familiarizado con el pesar.

Pero aunque María no tenía una concepción correcta de la misión de Cristo, confiaba implícitamente en él. Y Jesús respondió a esta fe. El primer milagro fue realizado para honrar la confianza de María y fortalecer la fe de los discípulos. Estos iban a encontrar muchas y grandes tentaciones a dudar. Para ellos las profecías habían indicado, fuera de toda controversia, que Jesús era el Mesías. Esperaban que los dirigentes religiosos le recibiesen con una confianza aun mayor que la suya. Declaraban entre la gente las obras maravillosas de Cristo y su propia confianza en la misión de él, pero se quedaron asombrados y amargamente chasqueados por la incredulidad, los arraigados prejuicios y la enemistad que manifestaron hacia Jesús los sacerdotes y rabinos. Los primeros milagros del Salvador fortalecieron a los discípulos para que se mantuviesen firmes frente a esta oposición.

En ninguna manera desconcertada por las palabras de Jesús, María dijo a los que servían a la mesa: "Haced todo lo que os dijere." Así hizo lo que pudo para preparar el terreno para la obra de Cristo.

Al lado de la puerta, había seis grandes tinajas de piedra, y Jesús ordenó a los siervos que las llenasen de agua. Así lo hicieron. Entonces, como se necesitaba vino para el consumo inmediato, dijo: "Sacad ahora, y presentad al maestresala." En vez del agua con que habían llenado las tinajas, fluía vino. Ni el maestresala ni los convidados en general, se habían dado cuenta de que se había agotado la provisión de vino. Al probar el vino que le llevaban los criados, el maestresala lo encontró mejor que cualquier vino que hubiese bebido antes y muy diferente de lo que se sirviera al principio de la fiesta. Volviéndose al esposo, le dijo: "Todo hombre pone primero el buen vino, y cuando están satisfechos, entonces lo que es peor; mas tú has guardado el buen vino hasta ahora."

Así como los hombres presentan el mejor vino primero y luego el peor, así hace también el mundo con sus dones. Lo que ofrece puede agradar a los ojos y fascinar los sentidos, pero no resulta satisfactorio. El vino se trueca en amargura, la alegría en lobreguez. Lo que empezó con canto y alegría, termina en cansancio y desagrado. Pero los dones de Jesús son siempre frescos y nuevos. El banquete que él provee para el alma no deja nunca de dar satisfacción y gozo. Cada nuevo don aumenta la capacidad del receptor para apreciar y gozar las bendiciones del Señor. Da gracia sobre gracia. No puede agotarse la provisión. Si moramos en él, el recibimiento de un rico don hoy, nos asegura la recepción de un don más rico mañana. Las palabras de Jesús a Natanael expresan la ley de Dios al tratar con los hijos de la fe. A cada nueva revelación de su amor, declara al corazón dispuesto a recibirle: "¿Crees? Cosas mayores que éstas verás." (Juan 1:50).

El don de Cristo en el festín de bodas fue un símbolo. El agua representaba el bautismo en su muerte; el vino, el derramamiento de su sangre por los pecados del mundo. El agua con que llenaron las tinajas fue traída por manos humanas, pero sólo la palabra de Cristo podía impartirle la virtud de dar vida. Así sucedería con los ritos que iban a señalar la muerte del Salvador. Únicamente por el poder de Cristo, obrando por la fe, es como tienen eficacia para alimentar el alma.

La palabra de Cristo proporcionó una amplia provisión para la fiesta. Así de abundante es la provisión de su gracia para borrar las iniquidades de los hombres, y para renovar y sostener el alma.

En el primer banquete al cual asistió con sus discípulos, Jesús les dio la copa que simbolizaba su obra en favor de su salvación. En la última cena se la volvió a dar, en la institución de aquel rito sagrado por el cual su muerte había de ser conmemorada hasta que volviera. (1 Cor. 11:26). Y el pesar de los discípulos al tener que separarse de su Señor, quedó consolado por la promesa de reunirse que les hizo al decir: "No beberé más de este fruto de la vid, hasta aquel día, cuando lo tengo de beber nuevo con vosotros en el reino de mi Padre." (Mat. 26:29).

El vino que Jesús proveyó para la fiesta, y que dio a los discípulos como símbolo de su propia sangre, fue el jugo puro de uva. A esto se refiere el profeta Isaías cuando habla del "mosto en un racimo," y dice: "No lo desperdicies, que bendición hay en él." (Isa. 65:8).

Fue Cristo quien dio en el Antiguo Testamento la advertencia a Israel: "El vino es escarnecedor, la cerveza alborotadora; y cualquiera que por ello errare, no será sabio." (Prov. 20:1). Y él mismo no proveyó bebida tal. Satanás tienta a los hombres a ser intemperantes para que se enturbie su razón y se emboten sus percepciones espirituales, pero Cristo nos enseña a mantener sujeta la naturaleza inferior. Toda su vida fue un ejemplo de renunciamiento propio. A fin de dominar el poder del apetito, sufrió en nuestro favor la prueba más severa que la humanidad pudiese soportar. Cristo fue quien indicó que Juan el Bautista no debía beber ni vino ni bebida alcohólica. Él fue quien ordenó abstinencia similar a la esposa de Manoa. Y él pronunció una maldición sobre el hombre que ofreciese la copa a los labios de su prójimo. Cristo no contradice su propia enseñanza. El vino sin fermentar que él proveyó a los huéspedes de la boda era una bebida sana y refrigerante. Su efecto consistía en poner al gusto en armonía con el apetito sano.

Al observar los huéspedes la calidad del vino, las preguntas hechas a los criados provocaron de su parte una explicación del milagro. La compañía quedó por un momento demasiado asombrada para pensar en Aquel que había realizado esta obra maravillosa. Cuando al fin le buscaron, descubrieron que se había retirado tan quedamente que ni siquiera lo habían notado sus discípulos.

La atención de la gente quedó entonces concentrada en los discípulos. Por primera vez, tuvieron oportunidad de confesar su fe en Jesús. Dijeron lo que habían visto y oído al lado del Jordán, y se encendió en muchos corazones la esperanza de que Dios había suscitado un libertador para su pueblo. Las nuevas del milagro se difundieron por toda aquella región, y llegaron hasta Jerusalén. Con nuevo interés, los sacerdotes y ancianos escudriñaron las profecías relativas a la venida de Cristo. Existía un ávido deseo de descubrir la misión de este nuevo maestro que de manera tan modesta aparecía entre la gente.

El ministerio de Cristo estaba en notable contraste con el de los ancianos judíos. La consideración por la tradición y el formalismo que manifestaban éstos había destruido toda verdadera libertad de pensamiento o acción. Vivían en continuo temor de la contaminación. Para evitar el contacto con lo "inmundo," se mantenían apartados no sólo de los gentiles, sino de la mayoría de su propio pueblo, sin tratar de beneficiarlos ni de ganar su amistad. Espaciándose constantemente en esos asuntos, habían empequeñecido sus intelectos y estrechado la órbita de su vida. Su ejemplo estimulaba el egotismo y la intolerancia entre todas las clases del pueblo.

Jesús empezó la obra de reforma poniéndose en una relación de estrecha simpatía con la humanidad. Aunque manifestaba la mayor reverencia por la ley de Dios, reprendía la presuntuosa piedad de los fariseos, y trataba de libertar a la gente de las reglas sin sentido que la ligaban. Procuraba quebrantar las barreras que separaban las diferentes clases de la sociedad, a fin de unir a los hombres como hijos de una sola familia. Su asistencia a las bodas estaba destinada a ser un paso hacia la obtención de este fin.

Dios había indicado a Juan el Bautista que morase en el desierto, a fin de mantenerlo escudado contra la influencia de los sacerdotes y rabinos, y prepararlo para una misión especial. Pero la austeridad y el aislamiento de su vida no era un ejemplo para la gente. Juan mismo no había indicado a sus oyentes que abandonasen sus deberes anteriores. Los instaba a dar evidencia de su arrepentimiento siendo fieles a Dios en el lugar donde los había llamado.

Jesús condenaba la complacencia propia en todas sus formas; sin embargo, era de naturaleza sociable. Aceptaba la hospitalidad de todas las clases, visitaba los hogares de los ricos y de los pobres, de los sabios y de los ignorantes, y trataba de elevar sus pensamientos de los asuntos comunes de la vida, a cosas espirituales y eternas. No autorizaba la disipación, y ni una sombra de liviandad mundanal manchó su conducta; sin embargo, hallaba placer en las escenas de felicidad inocente, y con su presencia sancionaba las reuniones sociales. Una boda entre los judíos era una ocasión impresionante, y el gozo que se manifestaba en ella no desagradaba al Hijo del hombre. Al asistir a esta fiesta, Jesús honró el casamiento como institución divina.

Tanto en el Antiguo como en el Nuevo Testamento, la relación matrimonial se emplea para representar la unión tierna y sagrada que existe entre Cristo y su pueblo. En el pensar de Cristo, la alegría de las festividades de bodas simbolizaba el regocijo de aquel día en que él llevará la Esposa a la casa del Padre, y los redimidos juntamente con el Redentor se sentarán a la cena de las bodas del Cordero. Él dice: "De la manera que el novio se regocija sobre la novia, así tu Dios se regocijará sobre ti" "Ya no serás llamada Dejada, . . . sino que serás llamada mi Deleite, . . . porque Jehová se deleita en ti." "Jehová . . . gozaráse sobre ti con alegría, callará de amor, se regocijará sobre ti con cantar." (Isa. 62:5, 4, V.M.; Sof. 3:17). Cuando la visión de las cosas celestiales fue concedida a Juan el apóstol, escribió: "Y oí como la voz de una grande compañía, y como el ruido de muchas aguas, y como la voz de grandes truenos, que decía: Aleluya: porque reinó el Señor nuestro Dios Todopoderoso. Gocémonos y alegrémonos y démosle gloria; porque son venidas las bodas del Cordero, y su esposa se ha aparejado." "Bienaventurados los que son llamados a la cena del Cordero.' (Apoc. 19:6, 7, 9).

Jesús veía en toda alma un ser que debía ser llamado a su reino. Alcanzaba el corazón de la gente yendo entre ella como quien desea su bien. La buscaba en las calles, en las casas privadas, en los barcos, en la sinagoga, a orillas del lago, en la fiesta de bodas. Se encontraba con ella en sus ocupaciones diarias y manifestaba interés en sus asuntos seculares. Llevaba sus instrucciones hasta la familia, poniéndola, en el hogar, bajo la influencia de su presencia divina. Su intensa simpatía personal le ayudaba a ganar los corazones. Con frecuencia se dirigía a las montañas para orar en la soledad, pero esto era en preparación para su trabajo entre los hombres en la vida activa. De estas ocasiones, salía para aliviar a los enfermos, instruir a los ignorantes, y romper las cadenas de los cautivos de Satanás.

Fue por medio del contacto y la asociación personales cómo Jesús preparó a sus discípulos. A veces les enseñaba, sentado entre ellos en la ladera de la montaña; a veces a la orilla del mar, o andando con ellos en el camino, les revelaba los misterios del reino de Dios. No sermoneaba, como hacen los hombres hoy. Dondequiera que hubiese corazones abiertos para recibir el mensaje divino, revelaba las verdades del camino de salvación. No ordenaba a sus discípulos que hiciesen esto o aquello, sino que decía: "Seguid en pos de mí." En sus viajes por el campo y las ciudades, los llevaba consigo, a fin de que pudiesen ver cómo enseñaba él a la gente. Vinculaba su interés con el suyo, y ellos participaban en la obra con él.

El ejemplo de Cristo, al vincularse con los intereses de la humanidad, debe ser seguido por todos los que predican su Palabra y por todos los que han recibido el Evangelio de su gracia. No hemos de renunciar a la comunión social. No debemos apartarnos de los demás. A fin de alcanzar a todas las clases, debemos tratarlas donde se encuentren. Rara vez nos buscarán por su propia iniciativa. No sólo desde el púlpito han de ser los corazones humanos conmovidos por la verdad divina. Hay otro campo de trabajo, más humilde tal vez, pero tan plenamente promisorio. Se halla en el hogar de los humildes y en la mansión de los encumbrados; junto a la mesa hospitalaria, y en las reuniones de inocente placer social.

Como discípulos de Cristo, no nos mezclaremos con el mundo simplemente por amor al placer, o para participar de sus locuras. Un trato tal no puede sino traer perjuicios. Nunca debemos sancionar el pecado por nuestras palabras o nuestros hechos, nuestro silencio o nuestra presencia. Dondequiera que vayamos, debemos llevar a Jesús con nosotros, y revelar a otros cuán precioso es nuestro Salvador.

Pero los que procuran conservar su religión ocultándola entre paredes pierden preciosas oportunidades de hacer bien. Mediante las relaciones sociales, el cristianismo se pone en contacto con el mundo. Todo aquel que ha recibido la iluminación divina debe alumbrar la senda de aquellos que no conocen la Luz de la vida.

Todos debemos llegar a ser testigos de Jesús. El poder social, santificado por la gracia de Cristo, debe ser aprovechado para ganar almas para el Salvador. Vea el mundo que no estamos egoístamente absortos en nuestros propios intereses, sino que deseamos que otros participen de nuestras bendiciones y privilegios. Déjémosle ver que nuestra religión no nos hace faltos de simpatía ni exigentes. Sirvan como Cristo sirvió, para beneficio de los hombres, todos aquellos que profesan haberle hallado.

Nunca debemos dar al mundo la impresión falsa de que los cristianos son un pueblo lóbrego y carente de dicha. Si nuestros ojos están fijos en Jesús, veremos un Redentor compasivo y percibiremos luz de su rostro. Doquiera reine su espíritu, morará la paz. Y habrá también gozo, porque habrá una serena y santa confianza en Dios.

Los que siguen a Jesús le agradan cuando muestran que, aunque humanos, son partícipes de la naturaleza divina. No son estatuas, sino hombres y mujeres vivientes. Su corazón, refrigerado por los rocíos de la gracia divina, se abre y expande bajo la influencia del Sol de justicia. Reflejan sobre otros, en obras iluminadas por el amor de Cristo, la luz que resplandece sobre ellos mismos.

14

En su Templo

Este capítulo está basado en S. Juan 2:12-22.

"DESPUÉS de esto descendió a Capernaúm, él, y su madre, y hermanos, y discípulos; y estuvieron allí no muchos días. Y estaba cerca la Pascua de los judíos; y subió Jesús a Jerusalem."

En este viaje, Jesús se unió a una de las grandes compañías que se dirigían a la capital. No había anunciado todavía públicamente su misión, e iba inadvertido entre la muchedumbre. En tales ocasiones, el advenimiento del Mesías, que había adquirido tanta preeminencia debido al ministerio de Juan, era a menudo el tema de conversación. La esperanza de grandeza nacional se mencionaba con fogoso entusiasmo. Jesús sabía que esta esperanza iba a quedar frustrada, porque se fundaba en una interpretación equivocada de las Escrituras. Con profundo fervor, explicaba las profecías, y trataba de invitar al pueblo a estudiar más detenidamente la Palabra de Dios.

Los dirigentes judíos habían enseñado al pueblo que en Jerusalén se les indicaba cómo adorar a Dios. Allí, durante la semana de Pascua, se congregaban grandes muchedumbres que venían de todas partes de Palestina, y aun de países lejanos. Los atrios del templo se llenaban de una multitud promiscua. Muchos no podían traer consigo los sacrificios que habían de ser ofrecidos en representación del gran Sacrificio. Para comodidad de los tales, se compraban y vendían animales en el atrio exterior del templo. Allí se congregaban todas las clases del pueblo para comprar sus ofrendas. Allí se cambiaba el dinero extranjero por la moneda del santuario.

Se requería que cada judío pagase anualmente medio siclo como "el rescate de su persona," (Éxo. 30:12-16) y el dinero así recolectado se usaba para el sostén del templo. Además de eso, se traían grandes sumas como ofrendas voluntarias, que eran depositadas en el tesoro del templo. Y era necesario que toda moneda extranjera fuese cambiada por otra que se llamaba el siclo del templo, que era aceptado para el servicio del santuario. El cambio de dinero daba oportunidad al fraude y la extorsión, y se había transformado en un vergonzoso tráfico, que era fuente de renta para los sacerdotes.

Los negociantes pedían precios exorbitantes por los animales que vendían, y compartían sus ganancias con los sacerdotes y gobernantes, quienes se enriquecían así a expensas del pueblo. Se había enseñado a los adoradores a creer que si no ofrecían sacrificios, la bendición de Dios no descansaría sobre sus hijos o sus tierras. Así se podía obtener un precio elevado por los animales, porque después de haber venido de tan lejos, la gente no quería volver a sus hogares sin cumplir el acto de devoción para el cual había venido.

En ocasión de la Pascua, se ofrecía gran número de sacrificios, y las ventas realizadas en el templo eran muy cuantiosas. La confusión consiguiente daba la impresión de una ruidosa feria de ganado, más bien que del sagrado templo de Dios. Podían oírse voces agudas que regateaban, el mugido del ganado vacuno, los balidos de las ovejas, el arrullo de las palomas, mezclado con el ruido de las monedas y de disputas airadas. La confusión era tanta que perturbaba a los adoradores, y las palabras dirigidas al Altísimo quedaban ahogadas por el tumulto que invadía el templo. Los judíos eran excesivamente orgullosos de su piedad. Se regocijaban de su templo, y consideraban como blasfemia cualquier palabra pronunciada contra él; eran muy rigurosos en el cumplimiento de las ceremonias relacionadas con él; pero el amor al dinero había prevalecido sobre sus escrúpulos. Apenas se daban cuenta de cuán lejos se habían apartado del propósito original del servicio instituido por Dios mismo.

Cuando el Señor descendió sobre el monte Sinaí, ese lugar quedó consagrado por su presencia. Moisés recibió la orden de poner límites alrededor del monte y santificarlo, y se oyó la voz del Señor pronunciar esta amonestación: "Guardaos, no subáis al monte, ni toquéis a su término: cualquiera que tocare el monte, de seguro morirá: No le tocará mano, mas será apedreado o asaeteado; sea animal o sea hombre, no vivirá." (Éxo. 19:12, 13). Así fue enseñada la lección de que dondequiera que Dios manifieste su presencia, ese lugar es santo. Las dependencias del templo de Dios debieran haberse considerado sagradas. Pero en la lucha para obtener ganancias, todo esto se perdió de vista.

Los sacerdotes y gobernantes eran llamados a ser representantes de Dios ante la nación. Debieran haber corregido los abusos que se cometían en el atrio del templo. Debieran haber dado a la gente un ejemplo de integridad y compasión. En vez de buscar sus propias ganancias, debieran haber considerado la situación y las necesidades de los adoradores, y debieran haber estado dispuestos a ayudar a aquellos que no podían comprar los sacrificios requeridos. Pero no obraban así. La avaricia había endurecido sus corazones.

Acudían a esta fiesta los que sufrían, los que se hallaban en necesidad y angustia. Estaban allí los ciegos, los cojos, los sordos. Algunos eran traídos sobre camillas. Muchos de los que venían eran demasiado pobres para comprarse la más humilde ofrenda para Jehová, o aun para comprarse alimentos con que satisfacer el hambre. A todos ellos les causaban gran angustia las declaraciones de los sacerdotes. Estos se jactaban de su piedad; aseveraban ser los guardianes del pueblo; pero carecían en absoluto de simpatía y compasión. En vano los pobres, los enfermos, los moribundos, pedían su favor. Sus sufrimientos no despertaban piedad en el corazón de los sacerdotes.

Al entrar Jesús en el templo, su mirada abarcó toda la escena. Vio las transacciones injustas. Vio la angustia de los pobres, que pensaban que sin derramamiento de sangre no podían ser perdonados sus pecados. Vio el atrio exterior de su templo convertido en un lugar de tráfico profano. El sagrado recinto se había transformado en una vasta lonja.

Cristo vio que algo debía hacerse. Habían sido impuestas numerosas ceremonias al pueblo, sin la debida instrucción acerca de su significado. Los adoradores ofrecían sus sacrificios sin comprender que prefiguraban al único sacrificio perfecto. Y entre ellos, sin que se le reconociese ni honrase, estaba Aquel al cual simbolizaba todo el ceremonial. Él había dado instrucciones acerca de las ofrendas. Comprendía su valor simbólico, y veía que ahora habían sido pervertidas y mal interpretadas. El culto espiritual estaba desapareciendo rápidamente. Ningún vínculo unía a los sacerdotes y gobernantes con su Dios. La obra de Cristo consistía en establecer un culto completamente diferente.

Con mirada escrutadora, Cristo abarcó la escena que se extendía delante de él mientras estaba de pie sobre las gradas del atrio del templo. Con mirada profética vio lo futuro, abarcando no sólo años, sino siglos y edades. Vio cómo los sacerdotes y gobernantes privarían a los menesterosos de su derecho, y prohibirían que el Evangelio se predicase a los pobres. Vio cómo el amor de Dios sería ocultado de los pecadores, y los hombres traficarían con su gracia. Y al contemplar la escena, la indignación, la autoridad y el poder se expresaron en su semblante. La atención de la gente fue atraída hacia él. Los ojos de los que se dedicaban a su tráfico profano se clavaron en su rostro. No podían retraer la mirada. Sentían que este hombre leía sus pensamientos más íntimos y descubría sus motivos ocultos. Algunos intentaron esconder la cara, como si en ella estuviesen escritas sus malas acciones, para ser leídas por aquellos ojos escrutadores.

    La confusión se acalló. Cesó el ruido del tráfico y de los negocios. El silencio se hizo penoso. Un sentimiento de pavor dominó a la asamblea. Fue como si hubiese comparecido ante el tribunal de Dios para responder de sus hechos. Mirando a Cristo, todos vieron la divinidad que fulguraba a través del manto de la humanidad. La Majestad del cielo estaba allí como el Juez que se presentará en el día final, y aunque no la rodeaba esa gloria que la acompañará entonces, tenía el mismo poder de leer el alma. Sus ojos recorrían toda la multitud, posándose en cada uno de los presentes. Su persona parecía elevarse sobre todos con imponente dignidad, y una luz divina iluminaba su rostro. Habló, y su voz clara y penetrante—la misma que sobre el monte Sinaí había proclamado la ley que los sacerdotes y príncipes estaban transgrediendo,—se oyó repercutir por las bóvedas del templo: "Quitad de aquí esto, y no hagáis la casa de mi Padre casa de mercado."

    Descendiendo lentamente de las gradas y alzando el látigo de cuerdas que había recogido al entrar en el recinto, ordenó a la hueste de traficantes que se apartase de las dependencias del templo. Con un celo y una severidad que nunca manifestó antes, derribó las mesas de los cambiadores. Las monedas cayeron, y dejaron oír su sonido metálico en el pavimento de mármol. Nadie pretendió poner en duda su autoridad. Nadie se atrevió a detenerse para recoger las ganancias ilícitas. Jesús no los hirió con el látigo de cuerdas, pero en su mano el sencillo látigo parecía ser una flamígera espada. Los oficiales del templo, los sacerdotes especuladores, los cambiadores y los negociantes en ganado, huyeron del lugar con sus ovejas y bueyes, dominados por un solo pensamiento: el de escapar a la condenación de su presencia.

    El pánico se apoderó de la multitud, que sentía el predominio de su divinidad. Gritos de terror escaparon de centenares de labios pálidos. Aun los discípulos temblaron. Les causaron pavor las palabras y los modales de Jesús, tan diferentes de su conducta común. Recordaron que se había escrito acerca de él: "Me consumió el celo de tu casa." (Sal. 69:9). Pronto la tumultuosa muchedumbre fue alejada del templo del Señor con toda su mercadería. Los atrios quedaron libres de todo tráfico profano, y sobre la escena de confusión descendió un profundo y solemne silencio. La presencia del Señor, que antiguamente santificara el monte, había hecho sagrado el templo levantado en su honor.

En la purificación del templo, Jesús anunció su misión como Mesías y comenzó su obra. Aquel templo, erigido para morada de la presencia divina, estaba destinado a ser una lección objetiva para Israel y para el mundo. Desde las edades eternas, había sido el propósito de Dios que todo ser creado, desde el resplandeciente y santo serafín hasta el hombre, fuese un templo para que en él habitase el Creador. A causa del pecado, la humanidad había dejado de ser templo de Dios. Ensombrecido y contaminado por el pecado, el corazón del hombre no revelaba la gloria del Ser divino. Pero por la encarnación del Hijo de Dios, se cumple el propósito del Cielo. Dios mora en la humanidad, y mediante la gracia salvadora, el corazón del hombre vuelve a ser su templo. Dios quería que el templo de Jerusalén fuese un testimonio continuo del alto destino ofrecido a cada alma. Pero los judíos no habían comprendido el significado del edificio que consideraban con tanto orgullo. No se entregaban a sí mismos como santuarios del Espíritu divino. Los atrios del templo de Jerusalén, llenos del tumulto de un tráfico profano, representaban con demasiada exactitud el templo del corazón, contaminado por la presencia de las pasiones sensuales y de los pensamientos profanos. Al limpiar el templo de los compradores y vendedores mundanales, Jesús anunció su misión de limpiar el corazón de la contaminación del pecado— de los deseos terrenales, de las concupiscencias egoístas, de los malos hábitos, que corrompen el alma. "Vendrá a su templo el Señor a quien vosotros buscáis, y el ángel del pacto, a quien deseáis vosotros. He aquí viene, ha dicho Jehová de los ejércitos. ¿Y quién podrá sufrir el tiempo de su venida? o ¿quién podrá estar cuando él se mostrará? Porque él es como fuego purificador, y como jabón de lavadores. Y sentarse ha para afinar y limpiar la plata: porque limpiará los hijos de Leví, los afinará como a oro y como a plata." (Mal. 3:1-3). "¿No sabéis que sois templo de Dios, y que el Espíritu de Dios mora en vosotros? Si alguno violare el templo de Dios, Dios destruirá al tal: porque el templo de Dios, el cual sois vosotros, santo es." (1 Cor. 3:16, 17). Ningún hombre puede de por sí echar las malas huestes que se han posesionado del corazón. Sólo Cristo puede purificar el templo del alma. Pero no forzará la entrada. No viene a los corazones como antaño a su templo, sino que dice: "He aquí, yo estoy a la puerta y llamo: si alguno oyere mi voz y abriere la puerta, entraré a él." (Apoc. 3:20). Él vendrá, no solamente por un día; porque dice: "Habitaré y andaré en ellos; . . . y ellos serán mi pueblo." "El sujetará nuestras iniquidades, y echará en los profundos de la mar todos nuestros pecados." (2 Cor. 6:16; Miq. 7:19). Su presencia limpiará y santificará el alma, de manera que pueda ser un templo santo para el Señor, y una "morada de Dios, en virtud del Espíritu." (Efe. 2:21, 22, V.M.)

Dominados por el terror, los sacerdotes y príncipes habían huido del atrio del templo, y de la mirada escrutadora que leía sus corazones. Mientras huían, se encontraron con otros que se dirigían al templo y les aconsejaron que se volvieran, diciéndoles lo que habían visto y oído. Cristo miró anhelante a los hombres que huían, compadeciéndose de su temor y de su ignorancia de lo que constituía el verdadero culto. En esta escena veía simbolizada la dispersión de toda la nación judía, por causa de su maldad e impenitencia.

¿Y por qué huyeron los sacerdotes del templo? ¿Por qué no le hicieron frente? El que les ordenaba que se fuesen era hijo de un carpintero, un pobre galileo, sin jerarquía ni poder terrenales. ¿Por qué no le resistieron? ¿Por qué abandonaron la ganancia tan mal adquirida y huyeron a la orden de una persona de tan humilde apariencia externa?

Cristo hablaba con la autoridad de un rey, y en su aspecto y en el tono de su voz había algo a lo cual no podían resistir. Al oír la orden, se dieron cuenta, como nunca antes, de su verdadera situación de hipócritas y ladrones. Cuando la divinidad fulguró a través de la humanidad, no sólo vieron indignación en el semblante de Cristo; se dieron cuenta del significado de sus palabras. Se sintieron como delante del trono del Juez eterno, como oyendo su sentencia para ese tiempo y la eternidad. Por el momento, quedaron convencidos de que Cristo era profeta; y muchos creyeron que era el Mesías. El Espíritu Santo les recordó vívidamente las declaraciones de los profetas acerca del Cristo. ¿Cederían a esta convicción?

No quisieron arrepentirse. Sabían que se había despertado la simpatía de Cristo hacia los pobres. Sabían que ellos habían sido culpables de extorsión en su trato con la gente. Por cuanto Cristo discernía sus pensamientos, le odiaban. Su represión en público humillaba su orgullo y sentían celos de su creciente influencia con la gente. Resolvieron desafiarle acerca del poder por el cual los había echado, y acerca de quién le había dado esta autoridad.

Pensativos, pero con odio en el corazón, volvieron lentamente al templo. Pero ¡qué cambio se había verificado durante su ausencia! Cuando ellos huyeron, los pobres quedaron atrás; y éstos estaban ahora mirando a Jesús, cuyo rostro expresaba su amor y simpatía. Con lágrimas en los ojos, decía a los temblorosos que le rodeaban: No temáis; yo os libraré, y vosotros me glorificaréis. Por esta causa he venido al mundo.

La gente se agolpaba en la presencia de Cristo con súplicas urgentes y lastimeras, diciendo: Maestro, bendíceme. Su oído atendía cada clamor. Con una compasión que superaba a la de una madre, se inclinaba sobre los pequeñuelos que sufrían. Todos recibían atención. Cada uno quedaba sano de cualquier enfermedad que tuviera. Los mudos abrían sus labios en alabanzas; los ciegos contemplaban el rostro de su Sanador. El corazón de los dolientes era alegrado.

Mientras los sacerdotes y oficiales del templo presenciaban esta obra, ¡qué revelación fueron para ellos los sonidos que llegaban a sus oídos! Los concurrentes relataban la historia del dolor que habían sufrido, de sus esperanzas frustradas, de los días penosos y de las noches de insomnio; y de cómo, cuando parecía haberse apagado la última chispa de esperanza, Cristo los había sanado. La carga era muy pesada, decía uno; pero he encontrado un Ayudador. Es el Cristo de Dios, y dedicaré mi vida a su servicio. Había padres que decían a sus hijos: Él salvó vuestra vida; alzad vuestras voces y alabadle. Las voces de niños y jóvenes, de padres y madres, de amigos y espectadores, se unían en agradecimiento y alabanza. La esperanza y la alegría llenaban los corazones. La paz embargaba los ánimos. Estaban sanos de alma y cuerpo, y volvieron a sus casas proclamando por doquiera el amor sin par de Jesús.

En ocasión de la crucifixión de Cristo, los que habían sido sanados no se unieron con la turba para clamar: "¡Crucifícale! ¡crucifícale!" Sus simpatías acompañaban a Jesús; porque habían sentido su gran simpatía y su poder admirable. Le conocían como su Salvador; porque él les había dado salud del cuerpo y del alma. Escucharon la predicación de los apóstoles, y la entrada de la palabra de Dios en su corazón les dio entendimiento. Llegaron a ser agentes de la misericordia de Dios, e instrumentos de su salvación.

Los que habían huido del atrio del templo volvieron poco a poco después de un tiempo. Habían dominado parcialmente el pánico que se había apoderado de ellos, pero sus rostros expresaban irresolución y timidez. Miraban con asombro las obras de Jesús y quedaron convencidos de que en él se cumplían las profecías concernientes al Mesías. El pecado de la profanación del templo incumbía, en gran medida, a los sacerdotes. Por arreglo suyo, el atrio había sido transformado en un mercado. La gente era comparativamente inocente. Había quedado impresionada por la autoridad divina de Jesús; pero consideraba suprema la influencia de los sacerdotes y gobernantes. Estos miraban la misión de Cristo como una innovación, y ponían en duda su derecho a intervenir en lo que había sido permitido por las autoridades del templo. Se ofendieron porque el tráfico había sido interrumpido, y ahogaron las convicciones del Espíritu Santo.

Sobre todos los demás, los sacerdotes y gobernantes debieran haber visto en Jesús al Ungido del Señor; porque en sus manos estaban los rollos sagrados que describían su misión, y sabían que la purificación del templo era una manifestación de un poder más que humano. Por mucho que odiasen a Jesús, no lograban librarse del pensamiento de que podía ser un profeta enviado por Dios para restaurar la santidad del templo. Con una deferencia nacida de este temor, fueron a preguntarle: "¿Qué señal nos muestras de que haces esto?"

Jesús les había mostrado una señal. Al hacer penetrar la luz en su corazón y al ejecutar delante de ellos las obras que el Mesías debía efectuar, les había dado evidencia convincente de su carácter. Cuando le pidieron una señal, les contestó con una parábola y demostró así que discernía su malicia y veía hasta dónde los conduciría. "Destruid este templo—dijo,—y en tres días lo levantaré."

El sentido de estas palabras era doble. Jesús aludía no sólo a la destrucción del templo y del culto judaico, sino a su propia muerte: la destrucción del templo de su cuerpo. Los judíos ya estaban maquinando esto. Cuando los sacerdotes y gobernantes volvieron al templo, se proponían matar a Jesús y librarse del perturbador. Sin embargo, cuando desenmascaró ese designio suyo, no le comprendieron. Al interpretar sus palabras las aplicaron solamente al templo de Jerusalén, y con indignación exclamaron: "En cuarenta y seis años fue este templo edificado, ¿y tú en tres días lo levantarás?" Les parecía que Jesús había justificado su incredulidad, y se confirmaron en su decisión de rechazarle.

Cristo no quería que sus palabras fuesen entendidas por los judíos incrédulos, ni siquiera por sus discípulos en ese entonces. Sabía que serían torcidas por sus enemigos, y que las volverían contra él. En ocasión de su juicio, iban a ser presentadas como acusación, y en el Calvario le serían recordadas con escarnio. Pero el explicarlas ahora habría dado a sus discípulos un conocimiento de sus sufrimientos, y les habría impuesto un pesar que no estaban capacitados para soportar. Una explicación habría revelado prematuramente a los judíos el resultado de su prejuicio e incredulidad. Ya habían entrado en una senda que iban a seguir constantemente hasta que le llevaran como un cordero al matadero.

Estas palabras de Cristo fueron pronunciadas por causa de aquellos que iban a creer en él. Sabía que serían repetidas. Siendo pronunciadas en ocasión de la Pascua, llegarían a los oídos de millares de personas y serían llevadas a todas partes del mundo. Después que hubiese resucitado de los muertos, su significado quedaría aclarado. Para muchos, serían evidencia concluyente de su divinidad.

A causa de sus tinieblas espirituales, aun los discípulos de Jesús dejaron con frecuencia de comprender sus lecciones. Pero muchas de estas lecciones les fueron aclaradas por los sucesos subsiguientes. Cuando ya no andaba con ellos, sus palabras sostenían sus corazones.

Con referencia al templo de Jerusalén, las palabras del Salvador: "Destruid este templo, y en tres días lo levantaré," tenían un significado más profundo que el percibido por los oyentes. Cristo era el fundamento y la vida del templo. Sus servicios eran típicos del sacrificio del Hijo de Dios. El sacerdocio había sido establecido para representar el carácter y la obra mediadora de Cristo. Todo el plan del culto de los sacrificios era una predicción de la muerte del Salvador para redimir al mundo. No habría eficacia en estas ofrendas cuando el gran suceso al cual señalaran durante siglos fuese consumado.

Puesto que toda la economía ritual simbolizaba a Cristo, no tenía valor sin él. Cuando los judíos sellaron su decisión de rechazar a Cristo entregándole a la muerte, rechazaron todo lo que daba significado al templo y sus ceremonias. Su carácter sagrado desapareció. Quedó condenado a la destrucción. Desde ese día los sacrificios rituales y las ceremonias relacionadas con ellos dejaron de tener significado. Como la ofrenda de Caín, no expresaban fe en el Salvador. Al dar muerte a Cristo, los judíos destruyeron virtualmente su templo. Cuando Cristo fue crucificado, el velo interior del templo se rasgó en dos de alto a bajo, indicando que el gran sacrificio final había sido hecho, y que el sistema de los sacrificios rituales había terminado para siempre.

"En tres días lo levantaré." A la muerte del Salvador, las potencias de las tinieblas parecieron prevalecer, y se regocijaron de su victoria. Pero del sepulcro abierto de José, Jesús salió vencedor. "Despojando los principados y las potestades, sacólos a la vergüenza en público, triunfando de ellos en sí mismo." (Col. 2:15). En virtud de su muerte y resurrección, pasó a ser "ministro del santuario, y de aquel verdadero tabernáculo que el Señor asentó, y no hombre." (Heb. 8:2). Los hombres habían construido el tabernáculo, y luego el templo de los judíos; pero el santuario celestial, del cual el terrenal era una figura, no fue construido por arquitecto humano. "He aquí el varón cuyo nombre es Vástago: [V.M.] . . . él edificará el templo de Jehová, y él llevará gloria, y se sentará y dominará en su trono, y será sacerdote en su solio." (Zac. 6:12, 13).

El ceremonial de los sacrificios que había señalado a Cristo pasó: pero los ojos de los hombres fueron dirigidos al verdadero sacrificio por los pecados del mundo. Cesó el sacerdocio terrenal, pero miramos a Jesús, mediador del nuevo pacto, y "a la sangre del esparcimiento que habla mejor que la de Abel." "Aun no estaba descubierto el camino para el santuario, entre tanto que el primer tabernáculo estuviese en pie. . . . Mas estando ya presente Cristo, pontífice de los bienes que habían de venir, por el más amplio y más perfecto tabernáculo, no hecho de manos, . . . por su propia sangre, entró una sola vez en el santuario, habiendo obtenido eterna redención." (Heb. 12:24; 9:8-12).

"Por lo cual puede también salvar eternamente a los que por él se allegan a Dios, viviendo siempre para interceder por ellos." (Heb. 7:25). Aunque el ministerio había de ser trasladado del templo terrenal al celestial, aunque el santuario y nuestro gran Sumo Sacerdote fuesen invisibles para los ojos humanos, los discípulos no habían de sufrir pérdida por ello. No sufrirían interrupción en su comunión, ni disminución de poder por causa de la ausencia del Salvador. Mientras Jesús ministra en el santuario celestial, es siempre por su Espíritu el ministro de la iglesia en la tierra. Está oculto a la vista, pero se cumple la promesa que hiciera al partir: "He aquí, yo estoy con vosotros todos los días, hasta el fin del mundo." (Mat. 28:20). Aunque delega su poder a ministros inferiores, su presencia vivificadora está todavía con su iglesia.

"Por tanto, teniendo un gran Pontífice, . . . Jesús el Hijo de Dios, retengamos nuestra profesión. Porque no tenemos un Pontífice que no se pueda compadecer de nuestras flaquezas; mas tentado en todo según nuestra semejanza, pero sin pecado. Lleguémonos pues confiadamente al trono de la gracia, para alcanzar misericordia, y hallar gracia para el oportuno socorro." (Heb. 4:14-16).

15

Nicodemo

Este capítulo está basado en S. John 3:1-17.

NICODEMO ocupaba un puesto elevado y de confianza en la nación judía. Era un hombre muy educado, y poseía talentos extraordinarios. Era un renombrado miembro del concilio nacional. Como otros, había sido conmovido por las enseñanzas de Jesús. Aunque rico, sabio y honrado, se había sentido extrañamente atraído por el humilde Nazareno. Las lecciones que habían caído de los labios del Salvador le habían impresionado grandemente, y quería aprender más de estas verdades maravillosas.

La autoridad que Cristo ejerciera al purificar el templo había despertado el odio resuelto de los sacerdotes y gobernantes. Temían el poder de este extraño. No habían de tolerar tanto atrevimiento de parte de un obscuro galileo. Se proponían acabar con su obra. Pero no estaban todos de acuerdo en este propósito. Algunos temían oponerse a quien estaba tan evidentemente movido por el Espíritu de Dios. Recordaban cómo los profetas habían sido muertos por reprender los pecados de los dirigentes de Israel. Sabían que la servidumbre de los judíos a una nación pagana era el resultado de su terquedad en rechazar las represiones de Dios. Temían que al maquinar contra Jesús, los sacerdotes y gobernantes estuviesen siguiendo en los pasos de sus padres, y hubiesen de traer nuevas calamidades sobre la nación. Nicodemo participaba de estos sentimientos. En un concilio del Sanedrín, cuando se consideraba la conducta que se debía seguir para con Jesús, Nicodemo aconsejó cautela y moderación. Hizo notar con insistencia que si Jesús estaba realmente investido de autoridad de parte de Dios, sería peligroso rechazar sus amonestaciones. Los sacerdotes no se atrevieron a despreciar este consejo, y por el momento no tomaron medidas abiertas contra el Salvador.

Desde que oyera a Jesús, Nicodemo había estudiado ansiosamente las profecías relativas al Mesías, y cuanto más las escudriñaba, tanto más profunda se volvía su convicción de que era el que había de venir. Juntamente con muchos otros hijos de Israel, había sentido honda angustia por la profanación del templo. Había presenciado la escena cuando Jesús echó a los compradores y vendedores; contempló la admirable manifestación del poder divino; vio al Salvador recibir a los pobres y sanar a los enfermos; vio las miradas de gozo de éstos y oyó sus palabras de alabanza; y no podía dudar de que Jesús de Nazaret era el enviado de Dios.

Deseaba ardientemente entrevistarse con Jesús, pero no osaba buscarle abiertamente. Sería demasiado humillante para un príncipe de los judíos declararse simpatizante de un maestro tan poco conocido. Si su visita llegase al conocimiento del Sanedrín, le atraería su desprecio y denuncias. Resolvió, pues, verle en secreto, con la excusa de que si él fuese abiertamente, otros seguirían su ejemplo. Haciendo una investigación especial, llegó a saber dónde tenía el Salvador un lugar de retiro en el monte de las Olivas; aguardó hasta que la ciudad quedase envuelta por el sueño, y entonces salió en busca de Jesús.

En presencia de Cristo, Nicodemo sintió una extraña timidez, la que trató de ocultar bajo un aire de serenidad y dignidad. "Rabbí —dijo,— sabemos que has venido de Dios por maestro; porque nadie puede hacer estas señales que tú haces, si no fuere Dios con él." Hablando de los raros dones de Cristo como maestro, y también de su maravilloso poder de realizar milagros, esperaba preparar el terreno para su entrevista. Sus palabras estaban destinadas a expresar e infundir confianza; pero en realidad expresaban incredulidad. No reconocía a Jesús como el Mesías, sino solamente como maestro enviado de Dios.

En vez de reconocer este saludo, Jesús fijó los ojos en el que le hablaba, como si leyese en su alma. En su infinita sabiduría, vio delante de sí a uno que buscaba la verdad. Conoció el objeto de esta visita, y con el deseo de profundizar la convicción que ya había penetrado en la mente del que le escuchaba, fue directamente al tema que le preocupaba, diciendo solemne aunque bondadosamente: "En verdad, en verdad te digo: A menos que el hombre naciere de lo alto, no puede ver el reino de Dios." (Juan 3:3, margen, V.M.)

Nicodemo había venido al Señor pensando entrar en discusión con él, pero Jesús descubrió los principios fundamentales de la verdad. Dijo a Nicodemo: No necesitas conocimiento teórico tanto como regeneración espiritual. No necesitas que se satisfaga tu curiosidad, sino tener un corazón nuevo. Debes recibir una vida nueva de lo alto, antes de poder apreciar las cosas celestiales. Hasta que se realice este

Nicodemo

cambio, haciendo nuevas todas las cosas, no producirá ningún bien salvador para ti el discutir conmigo mi autoridad o mi misión.

Nicodemo había oído la predicación de Juan el Bautista concerniente al arrepentimiento y el bautismo, y cuando había señalado al pueblo a Aquel que bautizaría con el Espíritu Santo. Él mismo había sentido que había falta de espiritualidad entre los judíos; que, en gran medida, estaban dominados por el fanatismo y la ambición mundanal. Había esperado que se produjese un mejor estado de cosas al venir el Mesías. Sin embargo, el mensaje escrutador del Bautista no había producido en él convicción de pecado. Era un fariseo estricto, y se enorgullecía de sus buenas obras. Era muy estimado por su benevolencia y generosidad en sostener el culto del templo y se sentía seguro del favor de Dios. Le sorprendió la idea de un reino demasiado puro para que él lo viese en la condición en que estaba.

La figura del nuevo nacimiento que Jesús había empleado no era del todo desconocida para Nicodemo. Los conversos del paganismo a la fe de Israel eran a menudo comparados a niños recién nacidos. Por lo tanto, debió percibir que las palabras de Cristo no habían de ser tomadas en su sentido literal. Pero por virtud de su nacimiento como israelita, se consideraba seguro de tener un lugar en el reino de Dios. Le parecía que no necesitaba cambio alguno. Por esto le sorprendieron las palabras del Salvador. Le irritaba su íntima aplicación a sí mismo. El orgullo del fariseo contendía contra el sincero deseo del que buscaba la verdad. Se admiraba de que Cristo le hablase así, sin tener en cuenta su posición de príncipe de Israel.

La sorpresa le hizo perder el dominio propio, y contestó a Cristo en palabras llenas de ironía: "¿Cómo puede el hombre nacer siendo viejo?" Como muchos otros, al ver su conciencia confrontada por una verdad aguda, demostró que el hombre natural no recibe las cosas del Espíritu de Dios. No hay nada en él que responda a las cosas espirituales; porque las cosas espirituales se disciernen espiritualmente.

Pero el Salvador no contestó a su argumento con otro. Levantando la mano con solemne y tranquila dignidad, hizo penetrar la verdad con aun mayor seguridad: "De cierto, de cierto te digo, que el que no naciere de agua y del Espíritu, no puede entrar en el reino de Dios." Nicodemo sabía que Cristo se refería aquí al agua del bautismo y a la renovación del corazón por el Espíritu de Dios. Estaba convencido de que se hallaba en presencia de Aquel cuya venida había predicho Juan el Bautista.

Jesús continuó diciendo: "Lo que es nacido de la carne, carne es; y lo que es nacido del Espíritu, espíritu es." Por naturaleza, el corazón es malo, y "¿quién hará limpio de inmundo? Nadie." (Job 14:4). Ningún invento humano puede hallar un remedio para el alma pecaminosa. "La intención de la carne es enemistad contra Dios; porque no se sujeta a la ley de Dios, ni tampoco puede." "Del corazón salen los malos pensamientos, muertes, adulterios, fornicaciones, hurtos, falsos testimonios, blasfemias." (Rom. 8:7; Mat. 15:19). La fuente del corazón debe ser purificada antes que los raudales puedan ser puros. El que está tratando de alcanzar el cielo por sus propias obras observando la ley, está intentando lo imposible. No hay seguridad para el que tenga sólo una religión legal, sólo una forma de la piedad. La vida del cristiano no es una modificación o mejora de la antigua, sino una transformación de la naturaleza. Se produce una muerte al yo y al pecado, y una vida enteramente nueva. Este cambio puede ser efectuado únicamente por la obra eficaz del Espíritu Santo.

Nicodemo estaba todavía perplejo, y Jesús empleó el viento para ilustrar lo que quería decir: "El viento de donde quiere sopla, y oyes su sonido; mas ni sabes de dónde viene, ni adónde vaya: así es todo aquel que es nacido del Espíritu."

Se oye el viento entre las ramas de los árboles, por el susurro que produce en las hojas y las flores; sin embargo es invisible, y nadie sabe de dónde viene ni adónde va. Así sucede con la obra del Espíritu Santo en el corazón. Es tan inexplicable como los movimientos del viento. Puede ser que una persona no pueda decir exactamente la ocasión ni el lugar en que se convirtió, ni distinguir todas las circunstancias de su conversión; pero esto no significa que no se haya convertido. Mediante un agente tan invisible como el viento, Cristo obra constantemente en el corazón. Poco a poco, tal vez inconscientemente para quien las recibe, se hacen impresiones que tienden a atraer el alma a Cristo. Dichas impresiones pueden ser recibidas meditando en él, leyendo las Escrituras, u oyendo la palabra del predicador viviente. Repentinamente, al presentar el Espíritu un llamamiento más directo, el alma se entrega gozosamente a Jesús. Muchos llaman a esto conversión repentina; pero es el resultado de una larga intercesión del Espíritu de Dios; es una obra paciente y larga.

Aunque el viento mismo es invisible, produce efectos que se ven y sienten. Así también la obra del Espíritu en el alma se revelará en toda acción de quien haya sentido su poder salvador. Cuando el Espíritu de Dios se posesiona del corazón, transforma la vida. Los pensamientos pecaminosos son puestos a un lado, las malas acciones son abandonadas; el amor, la humildad y la paz, reemplazan a la ira, la envidia y las contenciones. La alegría reemplaza a la tristeza, y el rostro refleja la luz del cielo. Nadie ve la mano que alza la carga, ni contempla la luz que desciende de los atrios celestiales. La bendición viene cuando por la fe el alma se entrega a Dios. Entonces ese poder que ningún ojo humano puede ver, crea un nuevo ser a la imagen de Dios.

Es imposible para las mentes finitas comprender la obra de la redención. Su misterio supera al conocimiento humano; sin embargo, el que pasa de muerte a vida comprende que es una realidad divina. Podemos conocer aquí por experiencia personal el comienzo de la redención. Sus resultados alcanzan hasta las edades eternas.

Mientras Jesús estaba hablando, algunos rayos de la verdad penetraron en la mente del príncipe. La suavizadora y subyugadora influencia del Espíritu Santo impresionó su corazón. Sin embargo, él no comprendía plenamente las palabras del Salvador. No le impresionaba tanto la necesidad del nuevo nacimiento como la manera en que se verificaba. Dijo con admiración: "¿Cómo puede esto hacerse?"

"¿Tú eres el maestro de Israel, y no sabes esto?" le preguntó Jesús. Por cierto que un hombre encargado de la instrucción religiosa del pueblo no debía ignorar verdades tan importantes. Las palabras de Jesús implicaban que en vez de sentirse irritado por las claras palabras de verdad, Nicodemo debiera haber tenido una muy humilde opinión de sí mismo, por causa de su ignorancia espiritual. Sin embargo, Cristo habló con tan solemne dignidad, y sus miradas y su tono expresaban tan ferviente amor, que Nicodemo no se ofendió al cerciorarse de su humillante condición.

Pero mientras Jesús explicaba que su misión en la tierra consistía en establecer un reino espiritual en vez de temporal, su oyente quedó perturbado. En vista de esto, Jesús añadió: "Si os he dicho cosas terrenas, y no creéis, ¿cómo creeréis si os dijere las celestiales?" Si Nicodemo no podía recibir las enseñanzas de Cristo, que ilustraban la obra de la gracia en el corazón, ¿cómo podría comprender la naturaleza de su glorioso reino celestial? Si no discernía la naturaleza de la obra de Cristo en la tierra, no podría comprender su obra en el cielo.

Los judíos a quienes Jesús había echado del templo aseveraban ser hijos de Abrahán, pero huyeron de la presencia del Salvador, porque no podían soportar la gloria de Dios que se manifestaba en él. Así dieron evidencia de que no estaban preparados por la gracia de

Dios para participar en los ritos sagrados del templo. Eran celosos para mantener una apariencia de santidad, pero descuidaban la santidad del corazón. Mientras que eran muy quisquillosos en cuanto a la letra de la ley, estaban violando constantemente su espíritu. Necesitaban grandemente este mismo cambio que Cristo había estado explicando a Nicodemo: un nuevo nacimiento moral, una purificación del pecado y una renovación del conocimiento y de la santidad.

No tenía excusa la ceguera de Israel en cuanto a la regeneración. Bajo la inspiración del Espíritu Santo, Isaías había escrito: "Todos nosotros somos como suciedad, y todas nuestras justicias como trapo de inmundicia." David había orado: "Crea en mí, oh Dios, un corazón limpio; y renueva un espíritu recto dentro de mí." Y por medio de Ezequiel había sido hecha la promesa: "Y os daré corazón nuevo, y pondré espíritu nuevo dentro de vosotros; y quitaré de vuestra carne el corazón de piedra, y os daré corazón de carne. Y pondré dentro de vosotros mi espíritu, y haré que andéis en mis mandamientos." (Isa. 64:6; Sal. 51:10; Eze. 36:26, 27).

Nicodemo había leído estos pasajes con mente anublada; pero ahora empezaba a comprender su significado. Veía que la más rígida obediencia a la simple letra de la ley tal como se aplicaba a la vida externa, no podía dar a nadie derecho a entrar en el reino de los cielos. En la estima de los hombres, su vida había sido justa y honorable; pero en la presencia de Cristo, sentía que su corazón era impuro y su vida profana.

Nicodemo se sentía atraído a Cristo. Mientras el Salvador le explicaba lo concerniente al nuevo nacimiento, sintió el anhelo de que ese cambio se realizase en él. ¿Por qué medio podía lograrse? Jesús contestó la pregunta que no llegó a ser formulada: "Como Moisés levantó la serpiente en el desierto, así es necesario que el Hijo del hombre sea levantado; para que todo aquel que en él creyere, no se pierda, sino que tenga vida eterna."

Este era terreno familiar para Nicodemo. El símbolo de la serpiente alzada le aclaró la misión del Salvador. Cuando el pueblo de Israel estaba muriendo por las mordeduras de las serpientes ardientes, Dios indicó a Moisés que hiciese una serpiente de bronce y la colocase en alto en medio de la congregación. Luego se pregonó por todo el campamento que todos los que mirasen a la serpiente vivirían. El pueblo sabía muy bien que en sí misma la serpiente no tenía poder de ayudarle. Era un símbolo de Cristo. Así como la imagen de la serpiente destructora fue alzada para sanar al pueblo,

NICODEMO

un ser "en semejanza de carne de pecado" (Rom. 8:3) iba a ser el Redentor de la humanidad. Muchos de los israelitas consideraban que el ceremonial de los sacrificios tenía virtud en sí mismo para libertarlos del pecado. Dios deseaba enseñarles que no tenía más valor que la serpiente de bronce. Debía dirigir su atención al Salvador. Ya fuese para curar sus heridas, o perdonar sus pecados, no podían hacer nada por sí mismos, sino manifestar su fe en el don de Dios. Habían de mirar y vivir.

Los que habían sido mordidos por las serpientes, podrían haberse demorado en mirar. Podrían haber puesto en duda la eficacia del símbolo de bronce. Podrían haber pedido una explicación científica. Pero no se dio explicación alguna. Debían aceptar la palabra de Dios que les era dirigida por Moisés. El negarse a mirar era perecer.

No es mediante controversias y discusiones cómo se ilumina el alma. Debemos mirar y vivir. Nicodemo recibió la lección y se la llevó consigo. Escudriñó las Escrituras de una manera nueva, no para discutir una teoría, sino para recibir vida para el alma. Empezó a ver el reino de los cielos cuando se sometió a la dirección del Espíritu Santo.

Hay hoy día miles que necesitan aprender la misma verdad que fue enseñada a Nicodemo por la serpiente levantada. Confían en que su obediencia a la ley de Dios los recomienda a su favor. Cuando se los invita a mirar a Jesús y a creer que él los salva únicamente por su gracia, exclaman: "¿Cómo puede esto hacerse?"

Como Nicodemo, debemos estar dispuestos a entrar en la vida de la misma manera que el primero de los pecadores. Fuera de Cristo, "no hay otro nombre debajo del cielo, dado a los hombres, en que podamos ser salvos." (Hech. 4:12). Por la fe, recibimos la gracia de Dios; pero la fe no es nuestro Salvador. No nos gana nada. Es la mano por la cual nos asimos de Cristo y nos apropiamos sus méritos, el remedio por el pecado. Y ni siquiera podemos arrepentirnos sin la ayuda del Espíritu de Dios. La Escritura dice de Cristo: "A éste ha Dios ensalzado con su diestra por Príncipe y Salvador, para dar a Israel arrepentimiento y remisión de pecados." (Hech. 5:31). El arrepentimiento proviene de Cristo tan ciertamente como el perdón.

¿Cómo hemos de salvarnos entonces? "Como Moisés levantó la serpiente en el desierto," así también el Hijo del hombre ha sido levantado, y todos los que han sido engañados y mordidos por la serpiente pueden mirar y vivir. "He aquí el Cordero de Dios, que quita el pecado del mundo." (Juan 1:29). La luz que resplandece de la cruz revela el amor de Dios. Su amor nos atrae a él. Si no resistimos esta atracción, seremos conducidos al pie de la cruz arrepentidos por los pecados que crucificaron al Salvador. Entonces el Espíritu de Dios produce por medio de la fe una nueva vida en el alma. Los pensamientos y los deseos se sujetan en obediencia a la voluntad de Cristo. El corazón y la mente son creados de nuevo a la imagen de Aquel que obra en nosotros para someter todas las cosas a sí. Entonces la ley de Dios queda escrita en la mente y el corazón, y podemos decir con Cristo: "El hacer tu voluntad, Dios mío, me ha agradado." (Sal. 40:8).

En la entrevista con Nicodemo, Jesús reveló el plan de salvación y su misión en el mundo. En ninguno de sus discursos subsiguientes, explicó él tan plenamente, paso a paso, la obra que debe hacerse en el corazón de cuantos quieran heredar el reino de los cielos. En el mismo principio de su ministerio, presentó la verdad a un miembro del Sanedrín, a la mente mejor dispuesta para recibirla, a un hombre designado para ser maestro del pueblo. Pero los dirigentes de Israel no recibieron gustosamente la luz. Nicodemo ocultó la verdad en su corazón, y durante tres años hubo muy poco fruto aparente.

Pero Jesús conocía el suelo en el cual había arrojado la semilla. Las palabras pronunciadas de noche a un solo oyente en la montaña solitaria no se perdieron. Por un tiempo, Nicodemo no reconoció públicamente a Cristo, pero estudió su vida y meditó sus enseñanzas. En los concilios del Sanedrín, estorbó repetidas veces los planes que los sacerdotes hacían para destruirle. Cuando por fin Jesús fue alzado en la cruz, Nicodemo recordó la enseñanza que recibiera en el monte de las Olivas: "Como Moisés levantó la serpiente en el desierto, así es necesario que el Hijo del hombre sea levantado; para que todo aquel que en él creyere, no se pierda, sino que tenga vida eterna." La luz de aquella entrevista secreta iluminó la cruz del Calvario, y Nicodemo vio en Jesús el Redentor del mundo.

Después de la ascensión del Señor, cuando los discípulos fueron dispersados por la persecución, Nicodemo se adelantó osadamente. Dedicó sus riquezas a sostener la tierna iglesia que los judíos esperaban ver desaparecer a la muerte de Cristo. En tiempos de peligro, el que había sido tan cauteloso y lleno de dudas, se manifestó tan firme como una roca, estimulando la fe de los discípulos y proporcionándoles recursos con que llevar adelante la obra del Evangelio. Aquellos que en otro tiempo le habían tributado reverencia, le despreciaron y persiguieron. Quedó pobre en los bienes de este mundo, pero no le faltó la fe que había tenido su comienzo en aquella conferencia nocturna con Jesús.

Nicodemo relató a Juan la historia de aquella entrevista, y la pluma de éste la registró para instrucción de millones de almas. Las verdades allí enseñadas son tan importantes hoy como en aquella solemne noche que sombreara la montaña donde el gobernante judío vino para aprender del humilde Maestro de Galilea el camino de la vida.

16

"A Él Conviene Crecer"

Este capítulo está basado en S. Juan 3:22-36.

DURANTE un tiempo la influencia del Bautista sobre la nación había sido mayor que la de sus gobernantes, sacerdotes o príncipes. Si hubiese declarado que era el Mesías y encabezado una rebelión contra Roma, los sacerdotes y el pueblo se habrían agolpado alrededor de su estandarte. Satanás había estado listo para asediar a Juan el Bautista con toda consideración halagadora para la ambición de los conquistadores del mundo. Pero, frente a las evidencias que tenía de su poder, había rechazado constantemente esta magnífica seducción. Había dirigido hacia Otro la atención que se fijaba en él.

Ahora veía que el flujo de la popularidad se apartaba de él para dirigirse al Salvador. Día tras día, disminuían las muchedumbres que le rodeaban. Cuando Jesús vino de Jerusalén a la región del Jordán, la gente se agolpó para oírle. El número de sus discípulos aumentaba diariamente. Muchos venían para ser bautizados, y aunque Cristo mismo no bautizaba, sancionaba la administración del rito por sus discípulos. Así puso su sello sobre la misión de su precursor. Pero los discípulos de Juan miraban con celos la popularidad creciente de Jesús. Estaban dispuestos a criticar su obra, y no transcurrió mucho tiempo antes que hallaran ocasión de hacerlo. Se levantó una cuestión entre ellos y los judíos acerca de si el bautismo limpiaba el alma de pecado. Ellos sostenían que el bautismo de Jesús diferia esencialmente del de Juan. Pronto estuvieron disputando con los discípulos de Cristo acerca de las palabras que era propio emplear al bautizar, y finalmente en cuanto al derecho que tenía Jesús para bautizar.

Los discípulos de Juan vinieron a él con sus motivos de queja diciendo: "Rabí, el que estaba contigo de la otra parte del Jordán, del cual tú diste testimonio, he aquí bautiza, y todos vienen a él." Con estas palabras, Satanás presentó una tentación a Juan. Aunque la misión de Juan parecía estar a punto de terminar, le era todavía posible estorbar la obra de Cristo. Si hubiese simpatizado consigo mismo y expresado pesar o desilusión por ser superado, habría sembrado semillas de disensión que habrían estimulado la envidia y los celos, y habría impedido gravemente el progreso del Evangelio.

Juan tenía por naturaleza los defectos y las debilidades comunes a la humanidad, pero el toque del amor divino le había transformado. Moraba en una atmósfera que no estaba contaminada por el egoísmo y la ambición, y lejos de los miasmas de los celos. No manifestó simpatía alguna por el descontento de sus discípulos, sino que demostró cuán claramente comprendía su relación con el Mesías, y cuán alegremente daba la bienvenida a Aquel cuyo camino había venido a preparar.

Dijo: "No puede el hombre recibir algo, si no le fuere dado del cielo. Vosotros mismos me sois testigos que dije: Yo no soy el Cristo, sino que soy enviado delante de él. El que tiene la esposa, es el esposo; mas el amigo del esposo, que está en pie y le oye, se goza grandemente de la voz del esposo." Juan se representó a sí mismo como el amigo que actuaba como mensajero entre las partes comprometidas, preparando el matrimonio. Cuando el esposo había recibido a la esposa, la misión del amigo había terminado. Se regocijaba en la felicidad de aquellos cuya unión había facilitado. Así había sido llamado Juan para dirigir la gente a Jesús, y tenía el gozo de presenciar el éxito de la obra del Salvador. Dijo: "Así pues, este mi gozo es cumplido. A él conviene crecer, mas a mí menguar."

Mirando con fe al Redentor, Juan se elevó a la altura de la abnegación. No trató de atraer a los hombres a sí mismo, sino de elevar sus pensamientos siempre más alto hasta que se fijasen en el Cordero de Dios. Él mismo había sido tan sólo una voz, un clamor en el desierto. Ahora aceptaba con gozo el silencio y la obscuridad a fin de que los ojos de todos pudiesen dirigirse a la Luz de la vida.

Los que son fieles a su vocación como mensajeros de Dios no buscarán honra para sí mismos. El amor del yo desaparecerá en el amor por Cristo. Ninguna rivalidad mancillará la preciosa causa del Evangelio. Reconocerán que les toca proclamar como Juan el Bautista: "He aquí el Cordero de Dios, que quita el pecado del mundo." (Juan 1:29). Elevarán a Jesús, y con él la humanidad será elevada. "Así dijo el Alto y Sublime, el que habita la eternidad, y cuyo nombre es el Santo: Yo habito en la altura y la santidad, y con el quebrantado y humilde de espíritu, para hacer vivir el espíritu de los humildes, y para vivificar el corazón de los quebrantados." (Isa. 57:15).

El alma del profeta, despojada del yo, se llenó de la luz divina. Al presenciar la gloria del Salvador, sus palabras eran casi una contraparte de aquellas que Cristo mismo había pronunciado en su entrevista con Nicodemo. Juan dijo: "El que de arriba viene, sobre todos es: el que es de la tierra, terreno es, y cosas terrenas habla: el que viene del cielo, sobre todos es.... Porque el que Dios envió, las palabras de Dios habla: porque no da Dios el Espíritu por medida." Cristo podía decir: "No busco mi voluntad, mas la voluntad del que me envió, del Padre." De él se declara: "Has amado la justicia, y aborrecido la maldad; por lo cual te ungió Dios, el Dios tuyo, con óleo de alegría más que a tus compañeros." (Juan 5:30; Heb. 1:9). El Padre no le da "el Espíritu por medida."

Así también sucede con los que siguen a Cristo. Podemos recibir la luz del cielo únicamente en la medida en que estamos dispuestos a ser despojados del yo. No podemos discernir el carácter de Dios, ni aceptar a Cristo por la fe, a menos que consintamos en sujetar todo pensamiento a la obediencia de Cristo. El Espíritu Santo se da sin medida a todos los que hacen esto. En Cristo "reside toda la plenitud de la Deidad corporalmente; y vosotros estáis completos en él." (Col. 2:9, 10, V.M.)

Los discípulos de Juan habían declarado que todos los hombres acudían a Cristo; pero con percepción más clara, Juan dijo: "Nadie recibe su testimonio;" tan pocos estaban dispuestos a aceptarle como el Salvador del pecado. Pero "aquel que ha recibido su testimonio, ha puesto su sello a esto, que Dios es veraz." (Juan 3:33, V.M.) "El que cree en el Hijo, tiene vida eterna." No era necesario disputar acerca de si el bautismo de Cristo o el de Juan purificaba del pecado. Es la gracia de Cristo la que da vida al alma. Fuera de Cristo, el bautismo, como cualquier otro rito, es una forma sin valor. "El que es incrédulo al Hijo, no verá la vida."

El éxito de la obra de Cristo, que el Bautista había recibido con tanto gozo, fue comunicado también a las autoridades de Jerusalén. Los sacerdotes y rabinos habían tenido celos de la influencia de Juan al ver cómo la gente abandonaba las sinagogas y acudía al desierto; pero he aquí que aparecía uno que tenía un poder aun mayor para atraer a las muchedumbres. Aquellos caudillos de Israel no estaban dispuestos a decir con Juan: "A él conviene crecer, mas a mí menguar." Se irguieron con nueva resolución para acabar con la obra que apartaba de ellos al pueblo.

Jesús sabía que no escatimarían esfuerzo para crear una división entre sus discípulos y los de Juan. Sabía que se estaba formando la tormenta que arrebataría a uno de los mayores profetas dados al mundo.

"A Él Conviene Crecer"

Deseando evitar toda ocasión de mala comprensión o disensión, cesó tranquilamente de trabajar y se retiró a Galilea. Nosotros también, aunque leales a la verdad, debemos tratar de evitar todo lo que pueda conducir a la discordia o incomprensión. Porque siempre que estas cosas se presentan, provocan la pérdida de almas. Siempre que se produzcan circunstancias que amenacen causar una división, debemos seguir el ejemplo de Jesús y el de Juan el Bautista.

Juan había sido llamado a destacarse como reformador. A causa de esto, sus discípulos corrían el peligro de fijar su atención en él, sintiendo que el éxito de la obra dependía de sus labores y perdiendo de vista el hecho de que era tan sólo un instrumento por medio del cual Dios había obrado. Pero la obra de Juan no era suficiente para echar los fundamentos de la iglesia cristiana. Cuando hubo terminado su misión, otra obra debía ser hecha, que su testimonio no podía realizar. Sus discípulos no comprendían esto. Cuando vieron a Cristo venir para encargarse de la obra, sintieron celos y disconformidad.

Existen todavía los mismos peligros. Dios llama a un hombre a hacer cierta obra; y cuando la ha llevado hasta donde le permiten sus cualidades, el Señor suscita a otros, para llevarla más lejos. Pero, como los discípulos de Juan, muchos creen que el éxito depende del primer obrero. La atención se fija en lo humano en vez de lo divino, se infiltran los celos, y la obra de Dios queda estorbada. El que es así honrado indebidamente se siente tentado a albergar confianza propia. No comprende cuánto depende de Dios. Se enseña a la gente a esperar dirección del hombre, y así caen en error y son inducidos a apartarse de Dios.

La obra de Dios no ha de llevar la imagen e inscripción del hombre. De vez en cuando, el Señor introducirá diferentes agentes por medio de los cuales su propósito podrá realizarse mejor. Bienaventurados los que estén dispuestos a ver humillado el yo, diciendo con Juan el Bautista: "A él conviene crecer, mas a mí menguar."

ÉL VINO POR TI

¿Qué Hará Ud. Por Él?

Si este libro ha cambiado su vida, deseará compartirlo con otros. No permita que este libro quede perdido en su estante. ¡Páselo a otros y comparta este mensaje maravilloso con sus queridos! Este libro puede servir como un lindo regalo para sus amigos y familia. Él vino por ti, ¿QUÉ HARÁ UD. POR ÉL?

Referencias bíblicas halladas en el texto

GÉNESIS
3:1 71
3:15 67
15:14 7
22:7, 8 65
32:30 61
49:10 9

ÉXODO
4:22, 23 17
5:2 18
12:11 38
12:31 38
12:41 7
13:2 18
17:7 78
19:12, 13 104
20:12 96
30:12-16 103

NÚMEROS
24:17 24

DEUTERONOMIO
8:2, 3 73

2 SAMUEL
23:4 56

JOB
14:4 116
28:28 47

SALMOS
17:4 76
37:19 74
40:8 126
50:14, 15 79
51:10 118
69:9 106
112:4 14
119:1-3 48
119:9, 11 48
119:11 76
119:14-16 48
122:2, 7 37

PROVERBIOS
3:1-4 48
11:25 92
18:10 81
20:1 98

ISAÍAS
1:25 60
4:4 60
9:2-6 21
11:1-5 21
11:4 57
32:2 57
33:16 74
40:1-5 85
40:5 56
42:1 36
42:4 9
44:3 14
49:6 27
50:7-10 75
52:14 70
53:7, 6 65
53:7 86
57:15 123
60:3 9
61:1, 2 9
62:4 57
62:5, 4 100
64:6 118
65:8 98

JEREMÍAS
29:11 21
31:33, 34 59
31:35-37 59

EZEQUIEL
12:22 7
34:26 91
36:26, 27 118

DANIEL
2:44 9
4:17 80
10:21 52

MIQUEAS
5:2 14
7:19 108

HABACUC
3:17, 18 74

SOFONÍAS
3:17 100

ZACARÍAS
6:12, 13 112

MALAQUÍAS
3:1-3 107

S. MATEO
2:6 25
2:18 8
3:17 71
6:33 74
8:10 27
11:14 86
15:19 116
23:23 47
26:29 98
28:20 112

S. MARCOS
14:38 79

S. LUCAS
1:32, 33 41
1:38 52
2:35 95
2:49 96
2:52 30

S. JUAN
- 1:5 — 40
- 1:14 — 89
- 1:26, 27 — 86
- 1:29 — 119, 123
- 1:45 — 95
- 1:46 — 32
- 1:50 — 98
- 3:3 — 114
- 3:33 — 124
- 5:30 — 124
- 7:15 — 31
- 9:4 — 34
- 14:30 — 75
- 16:33 — 75

HECHOS
- 3:22 — 9, 19
- 4:12 — 119
- 5:31 — 119
- 17:27 — 31

ROMANOS
- 8:3 — 68
- 8:3 — 119
- 8:7 — 116
- 11:33 — 16

1 CORINTIOS
- 3:16, 17 — 107
- 10:11 — 59
- 10:13 — 79
- 11:26 — 98

2 CORINTIOS
- 3:18 — 43
- 6:16 — 108
- 8:9 — 46
- 10:5 — 85

GÁLATAS
- 4:4, 5 — 7

EFESIOS
- 1:6 — 65
- 2:21, 22 — 108

COLOSENSES
- 2:9, 10 — 124
- 2:15 — 112

2 TESALONICENSES
- 2:8 — 61

HEBREOS
- 1:3 — 19
- 1:9 — 124
- 4:14-16 — 112
- 7:24 — 19
- 7:25 — 112
- 8:2 — 112
- 9:8-12 — 112
- 10:21 — 19
- 11:6 — 78
- 11:8 — 24
- 12:24 — 112
- 12:29 — 61

SANTIAGO
- 4:7, 8 — 81

1 PEDRO
- 1:19 — 17

2 PEDRO
- 1:4 — 76

1 JUAN
- 3:2 — 65
- 4:7 — 89

APOCALIPSIS
- 1:1 — 52
- 3:7, 8 — 66
- 3:20 — 108
- 5:12 — 82
- 13:11-17 — 74
- 15:3, 4 — 22
- 19:6 — 15
- 19:6, 7, 9 — 100
- 22:9 — 52